관계를
회복하는
중입니다

관계를 회복하는 중입니다

초판 1쇄 2022년 07월 19일

지은이 강훈 | **펴낸이** 송영화 | **펴낸곳** 굿웰스북스 | **총괄** 임종익

등록 제 2020-000123호 | **주소** 서울시 마포구 양화로 133 서교타워 711호

전화 02) 322-7803 | **팩스** 02) 6007-1845 | **이메일** gwbooks@hanmail.net

© 강훈, 굿웰스북스 2022, *Printed in Korea*.

ISBN 979-11-92259-27-7 03190 | **값 15,000원**

Human Relationships

관계를
회복하는
중입니다

강훈 지음

굿웰스북스

인간관계 능력이 최고의 자산이다

"그건 책을 읽지 않아도 아는 거 아니에요?"

'행복은 인간관계의 능력에 달려 있다'라는 제목으로 프롤로그를 쓰려는 내게 아내가 한 말이다. 그렇다. 행복이 인간관계의 능력에 달려 있다는 사실은 누구나 아는 것이다. 그러나 생각보다 많은 사람이 인간관계로 인해 어려움을 겪고 있다. 그런데도 인간관계의 능력을 갖추려고 노력하지 않는다. 왜 그럴까? 인간관계의 중요성은 알고 있지만, 인간관계에 대해 배워야 한다는 사실을 모르기 때문이다. 모든 문제는 답이 있다. 그러나 배워야 풀 수 있다. 답을 알면 문제는 더 이상 문제가 되지 않는다.

기시미 이치로는 자신의 저서 『아들러에게 인간관계를 묻다』에서 이렇게 말했다.

　"모든 고민은 인간관계에서 비롯된다."

　A는 오랫동안 직장 사람들과의 관계문제로 고민했다. 그러나 해결책을 찾지 못했다. 아무리 고민해도 답이 나오지 않아 고통스러워했다. 나는 그가 너무나 안타까웠다. 인간관계에 대해 배웠다면 고통의 시간이 줄었을 것이기 때문이다. 조금만 배워도 인간관계는 훨씬 좋아진다. 인간관계도 배워야 할 기술이 있다. 진심만으로 행복한 인간관계를 맺기 어려울 때가 많다. 진심을 전달할 수 있는 기술이 필요하기 때문이다. 그러니 반드시 배워야 한다.

　트레이 파커는 이렇게 말했다.

　"인생에서 인간이 가질 수 있는 모든 것은 가족과 친구라는 것을 알게 되었다. 이들을 잃게 되면 당신에겐 아무것도 남지 않는다. 따라서 친구를 세상 그 어떤 것보다 더 소중하게 여겨야 한다."

　관계를 맺는 대상이 중요하지 않다면 그나마 다행이다. 그러나 지속해서 만나야 할 사람이라면, 또는 소중한 사람이라면 문제가 생겼을 때 말로 표현할 수 없이 고통스럽다. 무엇이든지 지키는 것이 더 어렵다. 결혼도 하는 것보다 지키는 것이 더 어렵다. 인간관계의 능력이 없으면 행복해야 할 결혼생활이 더 이상 유지하고 싶지 않은 고통이 될 수 있다. 그러다 가장 소중한 가족을 잃기도 한다. 친밀한 관계에는 반드시 노력이 필요하다. 소중한 인간관계일수록 더 노력해야 한다.

인생은 인간관계의 연속이다. 성공도 인간관계와 관련이 있다. 모든 일 뒤에는 사람이 있기 때문이다. 나는 인간관계로 다양한 기회를 얻었다. 〈한국책쓰기강사양성협회〉의 김태광 대표코치를 만나 작가가 됐다. 전 웅진코웨이 CEO이자 〈한국구독경제연합회〉 두진문 회장을 만나 '제네틱 웰니스 컨설턴트(유전자 컨설턴트)'가 됐다. 또한, '구독경제'와 관련된 일을 함께하게 됐다. 나는 복 중의 복은 만남의 복이라는 사실을 경험하고 있다.

'빨리 가려면 혼자 가고, 멀리 가려면 함께 가라'라는 아프리카 속담이 있다. 혼자 가면 당장은 빠르게 가는 것 같지만 고난이 오면 쉽게 넘어진다. 스스로 일어나기 힘든 경우도 있다. 인생의 긴 여정에서 좋은 일도 있지만 힘든 일도 있기 때문이다. 그때 좋은 사람과 함께하면 위로받고 힘을 얻는다. 내 손을 잡아줄 사람이 있다면 쉽게 어려움을 극복하기도 한다. 어려움을 극복하는 가장 좋은 비결은 친밀한 인간관계이다.

인간관계를 잘하고 싶은가? 소중한 사람과의 관계를 회복하고 싶은가? 그렇다면 인간관계에 대해 배워야 한다. 인간관계의 기술을 갖춰야 한다. 인간관계의 능력을 갖추면 소중한 사람들과 좋은 관계를 맺을 수 있다. 갈등이 생겼을 때도 지혜롭게 해결할 수 있게 된다. 그때 비가 온 뒤에 땅이 굳는다는 사실을 경험하게 된다. 또한, 좋은 사람들과 친밀한 관계를 더 많이 맺을 수 있게 된다. 당신 곁에 함께하는 좋은 사람들이 더 많아지게 되는 것이다. 그러면 인생은 행복해질 뿐만 아니라 다양한 기회를 더 많이 잡을 수 있게 된다. 누구나 배우고 노력하면 인간관계 능력은 향상될 것이다.

나는 이 책을 통해 지속해서 만나야 하는 사람들과의 좋은 관계를 맺을 수 있는 방법과 소중한 사람들과의 관계를 지키는 방법, 그리고 더 성숙한 관계를 맺을 수 있는 방법을 제시했다. 이 책을 읽고 실천하면 지금보다 더 행복한 인간관계를 형성할 수 있을 것이다. 나는 당신이 행복해지기를 바란다. 소중한 사람과의 관계가 회복되기를 바란다. 인간관계 능력으로 다양한 기회를 잡고 더 크게 성공하기를 바란다.

내게는 과분할 정도로 좋은 분들이 많다. 나와 함께하는 좋은 분들에게 감사의 마음을 전하고 싶다. 먼저 책을 쓸 수 있도록 지도해주신 〈한국책쓰기강사양성협회〉의 김태광 대표 코치님과 〈위닝북스〉의 권동희 대표님, 그리고 이 책을 선정해주시고 도움을 주신 〈굿웰스북스〉의 모든 분께 감사드린다. 또한, 내게 새로운 비전을 제시해주시고 도움을 주신 〈한국구독경제연합회〉의 두진문 회장님과 〈한국유전자협회〉 심연옥 회장님께 감사드린다. 마지막으로 언제나 내게 위로와 힘이 되어주는 부모님과 사랑하는 아내, 그리고 아들에게 감사의 마음을 전한다. 무엇보다 책을 쓸 수 있도록 지혜를 주시고 인도해주신 하나님 아버지께 감사와 찬양을 드린다.

목차

2장

관계가 어려운
진짜 이유

5장

스펙보다 인간관계가
먼저다

RELATIONSHIP

1장

인생의 대부분의 문제는
관계에서 시작된다

01

무엇이 당신을
힘들게 하는가?

코로나19 사태로 세상이 완전히 바뀌었다. 어떤 이들은 이제 역사는 코로나19 사태 전과 코로나19 사태 후로 나누어질 것이라고 주장한다. 그렇다면 코로나19 사태가 발생한 후 세상은 어떻게 달라졌을까? 가장 큰 변화는 거리 두기로 인한 '비대면' 모임일 것이다. 이제 우리는 '비대면'이라는 말에 익숙해졌을 뿐만 아니라, 비대면 생활은 일상이 됐다. 그에 따라 '메타버스'라 불리는 가상세계에 관한 관심이 뜨거워졌다.

이런 시대의 흐름 속에 사람들이 가장 원하는 것은 무엇일까? 가상세계에서의 소통일까? 실제로 코로나19 사태로 인해 거리 두기가 한창일 때 SNS 활동이 폭발적으로 늘어났다. 많은 사람이 비대면일지라도 누군가와 소통하고 싶었을 것이다. SNS에는 코로나19 사태로 아무것도 하지 못해 우울했는데 SNS를 하면서 회복됐다는 글들이 보인다. 또한, SNS로 친구를 맺을 때 '소통'을 중요시하는 글을 심심치 않게 볼 수 있다. 이것이 사람의 본성이 아닐까? 나 역시 사람들을 대면으로 만날 수 없으니 소통하기 위해 여러 가지 SNS를 하고 있다. 그러나 SNS에서의 소통으로만 그치지 않았다. 거리 두기가 완화되자 SNS에서 알게 된 몇몇 독자들이 내가 사는 지역으로 찾아왔다. 심지어 어떤 독자는 내 책을 읽고 나를 만나는 것이 버킷리스트라며 메시지를 보냈다. 그리고 나를 만나러 경상남도 마산합포구에서 경기도 하남까지 왔다. 결국, 대면 만남을 통해 진정한 소통을 하고 싶었던 것이다. 진정한 소통으로 인한 좋은 관계는 서로에게 힘을 주고 행복을 주기 때문이다.

사람과 사람 사이를 뜻하는 '인간(人間)'이라는 단어대로 우리는 관계성을 가지고 있다. 성경은 하나님께서 모든 생명체 중에 오직 사람만 하나님의 형상과 모양대로 창조하셨다고 기록하고 있다. 하나님께서 사람만 그렇게 창조하신 중요한 이유 중 하나는 사람과 관계하기 위한 것이다. 성경은 이를 교제라고 표현한다. 또한, 성경에서 말하는 율법의 핵심은 '하나님 사랑, 이웃 사랑'이다. 하나님께서 인간을 관계의 동물로 창조하신 것이다. 그러니 인간의 가장 큰 본능은 관계라고 할 수 있다.

그러나 아이러니하게도 인간은 관계 때문에 불행해지기도 한다. 관계 때문에 울고 웃는 것이다. 몇 년 전 한 지인이 내게 이렇게 토로했다.

"일은 익숙하지 않지만 그래도 할 만한데 사람 때문에 너무 힘들어요."

취직한 지 2년 정도 된 지인에게 직장을 잘 다니는지 물어보니 한순간의 지체 없이 내게 한 말이다. 얼마나 힘이 들었으면 마치 준비한 듯이 바로 사람 때문에 힘들다고 했을까? 안쓰러운 마음이 들었다. 그러나 인간관계 때문에 힘들어하고 있는 사람은 그 지인뿐만이 아니다. 사실 감수성의 차이일 뿐이지 누구나 어느 정도 인간관계에 대한 고민이 있을 것이다.

내가 상담을 본격적으로 공부하게 된 계기도 인간관계 문제로 아픔을 호소하던 사람들을 만났기 때문이었다. 11년 전 처음으로 3박 4일간 진행되는 집단상담 프로그램에 참여했었다. 그때도 사람들을 전인격적으로 잘 돕는 것이 내 인생 비전이었다. 그래서 사람에 대해 더 알고 싶은 마음으로 기독교 상담을 공부했었다. 기독교 상담은 과정 중에 3박 4일간 진행되는 집단상담에 2회에 걸쳐 참여해야 했다. 그중에 첫 번째 집단

상담에 참여한 사람들 대부분이 상담을 받는 중에 인간관계 문제를 호소하며 통곡했다. 그때 나는 큰 충격을 받았다. 그들 대부분은 평상시 인간관계를 잘했다. 모두 상담을 공부하고 있으니 관계를 잘하는 것은 당연한 듯했다. 그러나 그들의 내면에는 인간관계 문제로 인한 큰 아픔이 있었던 것이다.

그때 정말 반성이 많이 됐다. 그동안 사람들을 수박 겉핥기식으로 도운 것은 아닐까? 돌아보면 가까운 사람들과의 관계문제로 힘들어하는 사람들이 많았다. 인생은 멀리서 보면 희극이요, 가까이에서 보면 비극이라고 했던가? 겉으로 보기엔 모두 관계를 잘하고 있는 것처럼 보이지만 각자 나름대로 아픔이 있었던 것이다. 그래서 나는 '사람공부'를 제대로 하겠다고 결심했다. 이후에 기독교 상담의 대가이신 목사님의 교회에서 부목사로 사역을 하면서 상담을 배웠다. 그리고 '가족 상담학' 석사를 수료하고 상담사 수련을 받았다. 상담을 공부하면서 나 또한 관계의 어려움을 회피하고 있었다는 것을 깨달았다. 그 문제를 하나하나 해결하기 위해 많은 시간과 노력을 기울였다. 10여 년간 공부하고 수련을 받은 것이 지금 하고 있는 사역과 일, 그리고 가족관계에 큰 도움이 되고 있다.

내게 상담을 요청하는 사람 중 대부분은 경제적인 어려움과 인간관계의 문제를 호소한다. 그래서 나의 첫 개인 저서는 『성경에서 찾은 더 크게 성공하는 법』이다. 사람들이 가장 어려워하는 경제적인 부분에서 도움을 주고자 집필했다. 목사로서 신앙 서적을 첫 저서로 집필하고 싶은 마음도 있었다. 그러나 신앙 서적은 이미 많다고 생각해서 경제와 관련된 책을 집필한 것이다. 첫 개인 저서를 집필한 후 그 책을 통해 좋은 분들을 많이 만났다. 그들 중에 사업으로 크게 성공한 장로님과 마음이 맞아 사람들에게 성공할 수 있는 실제적인 도움을 주기로 했다. 이후 미래 가치가 있는 '창직(새로운 직업 또는 사업)'과 관련된 특강과 세미나를 개최했다. 미래 가치가 있는 창직의 핵심 중의 하나는 휴먼 터치이다. 무서운 속도로 메타버스화되고 있는 이 시대에 살아남을 수 있는 직업과 사업은 인간만이 할 수 있는 일이라는 것이다. 결국, 사람이 핵심이다.

내가 새로운 일들을 하면서 공부한 것 중의 하나가 '영업'이었다. 목사가 무슨 영업공부를 하느냐고 반문할 수 있겠다. 그러나 사람들의 경제적인 면을 도와주기 위해서 영업에 대해 아는 것은 필수라는 생각이 들었다. 무슨 일이든 영업이 기본이기 때문이다. 영업에 관련된 고수들의 책들을 읽으면서 깨달은 것은 결국 인간관계였다. 영업을 잘하느냐 못하느냐의 가장 큰 차이는 대부분 인간관계 능력이었다. 호감과 신뢰를 줄 수 있는 사람이 영업에서 좋은 성과를 내는 것이다.

비단 영업만 그럴까? 모든 일 뒤에는 사람이 있다. 내가 의무경찰일 때

현직 경찰들의 승급 평가에서 상관의 영향력이 가장 컸다. 상관이 주는 평가 점수가 있기 때문이다. 경찰뿐만 아니라 직업 대부분이 그렇지 않을까? 팔은 안으로 굽는다. 우리나라는 학연, 지연, 혈연이 문제라고 하지만 선진국들도 크게 다르지 않다. 가까운 사람 또는 호감 가는 사람에게 좋은 평가를 주는 것은 인지상정이다. 경제력도 인간관계가 큰 영향력을 미치는 것이다.

『끌리는 사람은 1%가 다르다』의 저자 이민규는 이렇게 말한다.

"가벼운 우울증에서 심각한 정신병까지 모든 심리 장애는 '관계'의 문제가 있다. 크고 작은 비즈니스 문제 역시 거의 언제나 그 중심에는 관계의 문제가 있다. … 성공하는 사람 뒤에는 반드시 친밀한 관계의 협조자가 있다. 그들에게는 가족, 동료와 선후배 및 고객을 끄는 힘이 있다. 원하는 것을 얻고 싶다면 다른 사람의 협조를 끌어낼 수 있어야 한다."

그렇다. 가벼운 우울증에서 심각한 정신병까지 모든 심리 장애에는 '관계'의 문제가 있다. 그래서 심리치료 중 가장 중요한 치료기법은 상담사가 내담자에게 건강한 관계를 경험하게 해주는 것이다. 또한, 가족들이 함께 있어줄 때 심리적 장애가 해결되는 경우도 많다. 우리는 관계에서 위로와 힘을 얻기도 하고 관계에서 아픔과 고통을 겪기도 한다. 오죽하면 진정한 친구 세 명만 있으면 성공한 인생이라고 하겠는가. 또한, 독불장군으로 성공한 사람은 없다고 해도 과언이 아니다. 대부분의 성공한 사람들에게는 힘이 되어주는 친밀한 관계의 협조자가 있었다. 그러니 행복해지고 싶다면, 성공하고 싶다면 관계의 능력을 키워야 한다.

지금 당신을 힘들게 하는 것이 무엇인가? 일인가? 인간관계인가? 일보다 사람 때문에 더 힘이 든다면 반드시 당신의 인간관계 패턴을 점검하고 개선해야 한다. 물론 인간관계는 내가 아무리 노력해도 변화가 생기지 않을 때도 있다. 그러나 대부분은 내가 어떻게 하느냐에 따라 달라질 수 있다. "남자는 여자 하기 나름이에요"라는 광고 문구가 있었다. 요즘 시대에 남녀를 거론하는 것은 조심스럽지만 어느 정도 일리 있는 말이다. 나는 이 말을 이렇게 해석한다. "인간관계는 내가 하기 나름이에요" 그러니 인간관계는 공부하고 연습해야 한다. 인간관계에서 오는 대부분의 문제는 공부와 연습으로 해결할 수 있기 때문이다. 이제 인간관계를 회복해보자. 아니 더 나은 인간관계를 맺는 방법을 배우고 연습해보자. 당신이 맺는 인간관계는 당신이 하기 나름이다.

02

나는 왜
인간관계가 힘들까?

몇 년 전부터 MBTI 성격 유형 검사가 유행이다. MBTI 성격 유형 검사
는 4가지 선호지표를 통한 16가지 성격 유형 특성으로 자기 이해와 타인
이해를 돕는다. MBTI 성격 유형 검사가 유행하자 인터넷에 유사한 심리
검사가 많아졌다. 그중에는 검증되지 않은 흥미 위주의 검사도 꽤 있다.
왜 이렇게 심리 검사에 관심이 많을까? 이유는 간단하다. 내 마음을 이
해하고 타인을 이해하고 싶기 때문이다.

이를 증명하는 것 중의 하나가 MBTI 성격 유형 검사를 통한 '궁합표'이

다. 나를 이해하는 것뿐만 아니라 상대와의 궁합이 어떤지를 보는 것이다. MBTI 궁합표는 MBC 예능 TV 프로그램 〈놀면 뭐하니?〉에서 방영되면서 더 많이 알려졌다. 한 프로젝트를 시작하는 과정에서 유재석과 이효리가 잘 맞는지 MBTI 궁합표로 확인한 것이다. 그때 유재석과 이효리의 MBTI 궁합표는 파국이었다. 방송에서 유재석과 이효리는 티격태격하면서도 유쾌하게 그 프로젝트를 성공적으로 마쳤다. 전혀 다른 성향이었지만 서로를 인정하며 일했던 것이었다. 사실 유재석과 이효리는 이미여러 방송 프로그램에서 최고의 호흡을 자랑했었다.

　이것이 무엇을 의미하는가? 서로 다른 성향이어도 서로를 인정하고 이해한다면 좋은 결과를 낼 수 있다는 것이다. 인간관계가 어려운 것은 서로 다르다는 것이다. 그러나 서로 다름을 인정하고 이해할 수 있다면 같은 성향보다 더 좋은 결과를 낼 수 있다.

　나와 아내도 MBTI 궁합표에서 파국의 관계로 나왔다. 나는 ESTJ이고 아내는 ENFP이다. E(외향성)만 빼고 다 다르다. 인식기능과 판단기능, 그리고 생활양식까지 다 다르다. 그래서 파국의 관계로 나온 것 같다. 실제로 나는 구체적이고 계획적인 것을 중요시한다. 계획한 것 외에 갑자기 다른 일이 들어오면 스트레스를 받는다. 반대로 아내는 융통성이 좋다. 계획한 것이 있더라도 상황에 따라 얼마든지 일정을 변경한다. 또한,

새로운 경험을 좋아한다. 나와는 정반대이다.

상담사 수련을 받을 때 어떤 상담사가 우스갯소리로 말했다. "ESTJ와 ENFP가 사이가 좋다면 둘 중의 한 명은 참고 있는 거다." 사실 연애 초기에는 아내가 이해되지 않을 때가 많았다. 그러나 전문상담사에게 결혼예비학교 과정을 배우면서 서로의 다름을 인정하고 이해할 수 있게 됐다. 그때 '에고그램'이라는 심리 검사를 토대로 아내와 나의 성향과 관계에 있어서 패턴을 배웠다. 그리고 상담 과정을 통해서 실제로 다퉜던 사건을 분석하면서 서로의 생각과 감정, 그리고 원하는 것에 대해서 알았다. 그 결과 아내와 나는 서로가 그저 성향이 다를 뿐이지 고쳐야 할 문제를 안고 있는 것이 아니라는 것을 알았다. 서로의 다른 점을 이해하고 인정하니 다른 점은 오히려 서로의 단점을 채워줄 수 있는 장점이 됐다. 우리 부부는 올해 결혼 8년 차이지만 사이좋게 지내고 있다.

이렇듯 나를 이해하고 상대를 이해하는 것은 인간관계에 큰 도움이 된다. 나를 이해하고 상대를 이해하면 내가 받는 상처의 크기도 줄어든다. 상대가 기분 나쁜 언행을 해도 "그래서 저러는구나."라고 이해가 되기 때문이다. 관계에서 유연성이 생기는 것이다.

그러나 인간관계의 가장 어려운 점은 도저히 이해되지 않는 사람들과 함께 일할 때일 것이다. 그럴 때는 어떻게 해야 할까?

"네가 이해해라."

어제 비대면 화상으로 상담할 때 A가 내게 한 말이다. 곧이어 A는 말했다.

"도저히 이해가 안 되는데 왜 내가 이해해야 하는지 모르겠어요."

A는 취직을 준비하는 30대 초반의 남성이다. A는 20대 때 다니던 직장에서 인간관계 문제로 어려움을 겪었다. 자신이 그들에게 피해를 보아서 방어적인 반응을 했을 뿐인데 오히려 그들이 피해자처럼 됐다고 한다. A는 그들이 '피해자 코스프레'를 했다고 표현했다. 답답함에 직장에서 신뢰할 만한 두 명의 상사와 각각 상담했다. 그들의 대답은 하나같았다. "네가 이해해라." 그 말은 그에게 전혀 도움이 되지 않았다. 오히려 억울함과 분노만 키웠을 뿐이다. 이후 A는 지난 몇 년간 '그때 어떻게 대처해야 했을까?' 하고 고민했다. 그러나 답을 찾지 못했다. 아무리 생각해도 같은 상황이 다시 반복될 것이라는 예상뿐이었다. 그 결과 A는 대인기피증까지 생겼다. 조금이라도 느낌이 안 좋은 사람을 만나면 냉랭한 표정을 지어 관계의 벽을 만든다. 그러니 새로운 환경에서 새로운 사람들을 만나는 것이 두렵기만 하다.

우리는 살아가면서 많은 사람을 만나고 관계를 맺는다. 때로는 도저히 이해할 수 없는 언행을 일삼는 사람들을 만나기도 한다. 그래서 요즘 인간관계에 관한 책에서 '반드시 끊어야 할 유형'이라는 주제는 쉽게 볼 수 있다. 나에게 해를 끼치는 관계는 차라리 끊는 것이 나를 보호하는 지혜라는 것이다. 나도 어느 정도 동의한다. 아니 솔직히 말하면 나도 그러고 싶을 때가 있다. 내가 아무리 노력해도 변하지 않는 사람이 있기 때문이다. 하지만 안타깝게도 어쩔 수 없이 지속해서 만나야 하는 관계가 있다. 그중 하나는 A가 걱정하는 직장이다. 학교, 교회, 가족도 여기에 포함된다. 이런 곳에서 관계의 문제가 생기면 "네가 이해해라."라는 말을 자주 듣게 된다.

이해가 안 되는데 어떻게 이해를 할 것인가? 사실 먼저 이해를 받아야 할 사람은 A였다. 나는 A가 느꼈을 감정과 생각에 공감해주었다. 그러자 A는 격앙된 마음을 조금 추슬렀다. 그리고 당시에 자신이 느꼈던 감정과 생각, 그리고 사건에 대해 더 자세히 이야기했다. 이후 나의 질문에 A는 긍정적인 해결 방안을 찾아가기 시작했다.

그렇다. 도저히 해결할 수 없는 인간관계로 힘들 때는 먼저 나를 이해해야 한다. 나를 이해하지 못하는 사람이 타인을 이해할 수는 없다. 그리고 나의 아픈 마음을 위로하고 지지해주어야 한다. 그래야 힘든 인간관계 문제를 해결할 수 있는 힘이 생긴다. 지혜롭고 믿을 만한 사람에게 마음을 터놓고 이야기하고 공감과 지지를 받는 것도 좋은 해결방법 중 하나이다. 나를 이해한다는 것은 나를 건강하게 보호하는 것이 포함된다. 언제나 가장 우선이 되어야 할 것은 나 자신이다. 내가 힘이 있어야 문제를 해결할 방안도 찾을 수 있다. 성경은 "네 이웃을 네 몸과 같이 사랑하라."라고 말씀한다. 이웃을 사랑하기 위해서는 나 자신을 먼저 사랑해야만 하는 것이다. 자신을 사랑하지 않는 사람은 타인도 사랑할 수 없다. 오히려 이타적인 사랑을 하기 위해 자신을 사랑해야 한다. 이타적인 사랑은 나 자신을 건강하게 사랑할 때 가능하기 때문이다.

두 번째는 관계의 유연성을 기르는 것이다. 유연성은 신체 기능에서 아주 중요한 부분이다. 유연성은 어떤 노동이나 운동에서 동작을 효율적이고 정확하게 수행하게 해준다. 또한, 부상을 최소한으로 방지해주는 역할을 한다. 인간관계에서도 유연성은 내가 다치지 않고 효율적인 역할을 한다. A는 문제가 있었던 사람들과의 관계에서 미숙한 반응으로 분노를 표현했다. 그 결과 직장에서 A를 가해자로 여겼다. 그러니 억울함과 분노는 더 커질 수밖에 없었다. 어쩌면 A를 상담한 사람들도 A가 더 잘못했다고 생각했을지 모른다. 관계의 유연성을 만드는 방법은 먼저 인간관계에 대해 나만의 철학을 세워두는 것이다. 나만의 철학을 세워두면 혼란을 겪지 않게 된다. 그리고 상대의 언행에 큰 의미를 두지 않는 것이 좋다. 그저 '아, 그래? 그렇구나.'라고 생각하는 것이다. 이것이 최소한의 자기방어이다. 더 나아가 상대의 잘못된 언행을 사실 중심으로 표현할 수 있다면 A와 같이 2차 피해는 보지 않을 것이다. 그러나 이것은 연습이 필요하다.

인간관계가 힘든 이유는 인간 이해, 즉 나에 대한 이해와 타인에 대한 이해가 부족하기 때문이다. 또한, 관계의 기술이 부족하기 때문이다. 인간관계에서 가장 중요한 것은 진심이다. 그러나 진심은 상대에게 전달되어야 한다. 많은 사람이 상대가 내 진심을 몰라준다고 토로한다. 그러나 그 상대에게 들어보면 오히려 상처를 받았다고 할 때가 있다. 진심이었지만 진심을 전달하는 기술은 부족했던 것이다. 그러니 진심을 전달할 수 있는 기술이 필요한 것이다. 또한, 도저히 해결되지 않는 부정적인 인간관계에는 과한 에너지를 쏟지 않는 지혜가 필요하다. 이 또한 배우고 끊임없이 연습해야 한다.

상처받는 대신
인간관계를 배우기로 했다

인간관계에서 가장 중요한 것 중의 하나는 진심이다. 진심은 통한다는 말이 있다. 드라마를 보면 주인공의 진심이 통해서 해피엔딩이 되는 경우가 많다.

과연 현실에서도 그럴까? 많은 사람이 인간관계 문제에서 종종 이렇게 말한다. "내 마음 같지 않네." 상대에게 진심으로 대했으나 그 진심을 몰라주는 경우이다. 내가 진심으로 대해도 상대가 몰라줄 때 상처를 받게 된다.

가까운 사이일수록 관계에 문제가 발생했을 때 더 크게 상처를 받는다. 가까운 사람에게는 자신을 지키고 있던 방어벽을 허물어버리기 때문이다. 결국, 믿는 도끼에 발등을 찍히는 것이다. 그런 일이 반복되면 더는 마음을 열지 않겠다고 다짐하곤 한다. 상처받고 싶지 않은 것이다. 그러나 상처받는 것이 두려워 자신의 마음을 닫으면 또 다른 고통이 될 뿐이다. 우리는 살아가는 동안 인간관계를 맺지 않을 수 없기 때문이다. 마음을 닫은 피상적인 관계는 외로움과 고독, 그리고 소외감만 쌓이게 할 뿐이다. 무엇이든지 회피는 좋은 방법이 아니다.

어린 시절 친구들과 놀다가 넘어져 작은 못에 찔린 적이 있다. 피가 나고 아팠지만, 친구들과 노는 것이 너무 재미있어 곧 잊어버렸다. 몇 시간이 지난 후 집에 들어갔다. 어머니가 내 무릎을 보고 깜짝 놀라셨다. 어머니가 어떻게 된 거냐며 물어보셨지만 그냥 넘어졌다고 둘러댔다. 어머니는 안쓰러워하시며 상처 난 부위를 소독하고 약을 바른 후에 반창고를 붙여주셨다.

일주일이 지났을 때 어느 정도 나아야 할 상처가 더 아팠다. 반창고를 떼어보니 상처 났던 부위가 덧나 곪아 있었다. 살짝 건드리기만 해도 아팠다. 하는 수 없이 병원에 갔다. 의사는 내가 아파하는 것과는 상관없이 곪은 상처를 칼로 째고 짰다. 마취했는지 기억도 나지 않는다. 나는 그저 너무 아파서 울며불며 비명을 질렀다. 상처가 난 후에 바로 치료하지 않아서 더 큰 고통이 된 것이다.

마음의 상처도 마찬가지이다. 상처가 났는데 덮어두면 언젠가 더 큰 아픔으로 돌아온다. 상담을 받으러 오는 사람들 대부분은 마음의 상처를 덮어두고 회피했다가 도저히 참을 수 없어 온다. 그러니 그 상처를 치유하기 위해서 더 많은 시간과 노력이 필요해진다. 상처 치료는 빠르면 빠를수록 좋다. 상처는 드러내고 적절한 치료를 받아야 한다. 인간관계에서 얻은 상처는 마음에 난다. "괜찮아. 뭘 그런 걸 가지고 그래?"는 더 큰 아픔을 만들 뿐이다. 그것은 상처를 치료하지 않고 덮어두는 것과 같다. 마음이 강해져서 관계의 유연성이 좋아진 것이 아니라면 말이다.

〈한국드라마치료연구소〉 최철환 소장은 "관계로 인해 생긴 상처는 새로운 관계 경험을 통해 치유할 수 있다."라고 했다. 그러나 새로운 관계 경험은 건강한 관계 경험이라야 한다. 인간관계로 상처받아 마음을 닫고 피상적인 관계를 맺는 것은 치유할 기회를 버리는 것이다. 인간관계는 상처를 주기도 하지만 기쁨과 행복을 주기도 한다. 또한, 무슨 일이든지 인간관계가 필요 없는 일은 없다. 직장이나 사업뿐만 아니라 프리랜서도 인간관계 능력이 필요하다. 특히 의사소통 능력이 없으면 좋은 기회를 놓칠 수 있다. 결국, 인간관계 능력은 우리의 경제생활에까지 큰 영향을 미치는 것이다. 실제로 내가 만난 성공한 사람들은 대체로 인간관계 능력이 좋았다.

인간관계도 배워야 한다. S는 결혼해서 행복한 가정을 꾸리는 것이 꿈이자 목표다. 그런데 안타깝게도 '모태솔로'이다. 연애는커녕 '여자 사람 친구'도 없다. 사실 행복한 가정을 꾸리는 일은 쉽지 않은 일이다. 요즘 흔히 말하는 'MZ세대'는 '삼포세대'를 넘어 'N포세대'라고 한다. 삼포세대는 경제적인 어려움으로 인해 연애와 결혼, 그리고 출산을 포기하는 세대를 말한다. 그것만으로도 놀라운데 N포세대라니 너무나 안타까운 현실이다. 경제적인 어려움도 문제지만 인간관계의 문제도 만만치 않다. 결혼하는 일도 어렵지만, 유지하는 것은 더 어렵다. 그런데 행복한 가정을 꾸린다니 얼마나 큰 꿈인가. 그만큼 인격도 좋아야 하지만 인간관계 능력을 키워야 한다. 남녀의 차이는 화성에서 온 남자, 금성에서 온 여자라고 할 만큼 크기 때문이다.

게다가 S는 인간관계에 너무 서투르다. 친밀하게 지내는 사람조차 없다. 그러니 반드시 인간관계에 대해서 배워야 한다. 어떤 이는 '연애를 책으로 배운 사람'을 부정적으로 말하지만, 인간관계는 반드시 배워야 한다. 그저 많이 만난다고 관계의 능력이 좋아지는 것은 아니다. 같은 실수만 반복하는 경우가 높아질 뿐이다.

S가 사람들과 친밀하게 지내고 싶은 마음은 진심이다. 그는 나름대로 마음을 다해 사람들을 대하려고 한다. 그러나 사람들은 그의 진심을 알 수가 없다. 진심을 전달할 수 있는 기술이 없기 때문이다. 내 제자 중 한 명은 인간관계에서 존중을 가장 중요시한다. 자신은 타인을 존중하지만, 상대가 자신을 존중하지 않으면 관계의 벽을 만든다고 입버릇처럼 말한다. 그러나 내가 상대를 존중했다고 생각하는 것과 상대가 존중을 받았다고 느끼는 것은 다르다.

내게 상담을 요청한 Y는 남편과 딸의 관계 때문에 너무 힘들어했다. 남편은 딸을 존중하고 해줄 수 있는 것은 다 해주려고 노력했다고 생각한다. 그런데 딸의 반응이 안 좋아 분노하고 있다. 그러나 정작 딸은 아빠에게 자신이 존중받는다고 느끼지 않았다. 오히려 아빠가 너무 권위적이어서 밥도 같이 먹기 싫다고 한다. 딸은 아빠가 식사를 다 하고 나서야 거실에 나와 식사를 한다. 아빠가 집에 있을 때는 방에서 나오지 않는다. 서로 존중을 받지 못한다고 느끼고 있었던 것이다. 무엇이 문제일까? 우선 아빠와 딸의 존중에 대한 기준이 달랐다. 그리고 의사소통 기술이 부족했다. 아빠는 딸을 생각하는 마음으로 딸을 볼 때마다 이런저런 이야기를 했다. 흔히 말하는 "나 때는 말이야."를 섞어가면서 말이다. 딸은 아빠의 이야기가 잔소리로 들렸다. 그런 관계가 지속되자 심각한 오해와 편견으로 자리 잡았던 것이다. 의사소통 기술은 서로를 존중하는 중요한 요소 중의 하나이다. 상대에 대한 진심과 존중은 의사소통만 잘해도 대부분 잘 전달된다. 그런데 생각보다 많은 사람이 의사소통 기술이 부족해서 어려움을 겪는다.

40년간 결혼 상담을 한 게리 채프먼은 『5가지 사랑의 언어』에서 이렇게 말한다.

"사랑하지만 언어가 다른 두 사람. 사랑하는 마음이 전달되지 못하고 오히려 오해와 상처가 쌓인다. 심각한 경우는 결별에 이르기까지 한다. 사랑하지 않기 때문이 아니라 사랑이 소통되지 않기 때문이다."

이어서 게리 채프먼은 말한다.

"진실한 것만으로도 부족하다. 사랑을 상대방에게 효과적으로 전달하기 위해 우리는 배우자가 사용하는 사랑의 언어를 기꺼이 배워야만 한다."

사랑도 상대가 받을 수 있도록 전달하는 소통의 기술이 필요하다는 것이다. 상대가 사용하는 사랑의 언어가 있으니 그 언어로 전달해야 한다는 것이다.

나는 Y를 잘 도울만한 상담사에게 연결해주었다. Y는 남편과 딸이 상담받기를 원했지만, 남편과 딸은 서로가 받은 상처로 상담을 원하지 않았다. 마음속 이야기를 나누고 싶은 마음조차도 없었던 것이다. 결국, Y가 상담을 받았다. Y는 상담 중에 많이 울었다. 상담을 통해 자신도 남편과 딸의 관계문제에 어느 정도 영향을 미쳤다는 것을 깨달았기 때문이다. 그리고 깨닫고 배운 대로 실천하기 시작했다. 처음에는 쉽지 않았다. 이미 남편과 딸의 관계는 틀어질 대로 틀어진 상태였기 때문이다. 그러나 서서히 변하기 시작했다. 가장 큰 변화는 남편이 상담을 받으러 오게됐다는 것이다. 그리고 아빠는 점점 변화됐다. 아빠의 변화에 결국 딸도 상담을 받았고 그 가족의 관계는 회복되기 시작했다. 그들은 더 이상 상처받지 않고 관계를 회복하기를 선택한 것이다.

인간관계는 진심에 더하여 기술도 꼭 필요하다. 물론 아무리 노력해도 상대가 변하지 않는 경우도 있다. 어떤 경우는 다른 차가 미처 피할 겨를도 없이 갑자기 내 차에 충돌한 것과 같은 때도 있다. 그런 경우는 스스로 자기 자신을 보호해야 한다. 그렇지 않은 인간관계의 문제는 인간관계를 배우면 상당 부분 좋아진다. 특히 가족관계는 행복에 절대적인 영향을 미친다. 소중한 가족들이 상처받지 않고 행복할 수 있도록 인간관계 기술을 배우자. 또한, 상처를 준 사람들 때문에 내게 오는 만남의 복을 마다하지 말자. 적어도 나의 미숙함 때문에 소중한 사람들을 놓치지 말자. 좋은 친구를 사귀고 행복한 가정을 꾸리고 싶다면 인간관계를 배우자.

04

모든 일 뒤에는
사람이 있다

　1년 6개월 전 한 취업포털 사이트에서 2030 코로나 세대를 주제로 설문 조사를 했다. 그중에 흥미로운 조사가 있었다. 바로 '코로나 세대로서 포기하는 3가지는 무엇인가?'라는 질문이었다. 당신이 2030 세대라면 무엇을 선택할 것인가? 그렇다. 1위는 취업 포기였다. 그다음으로 포기한 것은 인간관계였다. 코로나로 거리 두기가 한창일 때 코로나 세대들은 취업과 인간관계를 포기한 것이다. 우리의 삶에 있어서 가장 중요한 2가지 영역을 포기할 수밖에 없었던 그들의 심정이 어떨까? 밝은 미래를 꿈꾸며 자신만의 길을 찾아가야 할 시기에 기회조차 박탈당한 심정이리

라. 모두가 힘든 상황이지만 2030 세대를 생각하면 마음이 아프다. 내가 20대 때 IMF 외환위기로 어려움을 겪어서인지 더욱더 공감된다.

그러나 봄을 이기는 겨울은 없다. 한겨울에는 겨울이 도무지 끝날 것 같지 않지만 2월 중순이 되면 점차 추위는 누그러든다. 그리고는 언제 그랬냐는 듯이 봄이 우리에게 찾아온다. 아무리 매서운 한파일지라도 겨울은 지나가게 되어 있다. "이 또한 지나가리라."라는 말은 진리에 가깝다. 오히려 지금 내가 할 수 있는 준비를 한다면 기회가 왔을 때 잡을 수 있다. 기회는 준비된 사람만이 잡을 수 있기 때문이다. 그러니 아무리 힘든 상황이어도 포기하지 않기를 바란다.

실제로 코로나19 상황에서도 좋은 성과를 낸 사람들이 있다. 내가 아는 지인은 코로나19 사태로 메타버스 시대가 가속화되자 메타버스 지도자 과정을 이수했다. 그리고 메타버스 강사로 왕성하게 활동하고 있다. 발 빠르게 시대의 흐름을 탄 것이다. 그리고 좋은 성과를 내고 있다. 미래 가치가 좋은 직업을 선점해 위기를 기회로 만든 것이다.

사실 나도 코로나19 사태로 큰 어려움을 맞았다. 아직 자립하지 못한 개척교회 목사이기 때문이다. 코로나19 사태 확산으로 전도는커녕 교회에서 예배도 드릴 수 없었다. 경제적인 어려움은 더 컸다. 그야말로 암담했다. 그러나 주저앉아 있을 수는 없었다. 내가 할 수 있는 일이 있을 거라 믿고 찾았다. 그때 교보생명과 교보문고, 대산문화재단 등을 설립한, 대산 신용호 선생님에 대해 다룬 정인영 작가의 『길이 없으면 길을 만들며 간다』라는 책을 만났다. 제목 자체가 주는 임팩트도 대단했지만 대산 신용호 선생님의 삶은 그야말로 경탄스러웠다. 특히 "바람에도 길은 있다. 나는 비로소 나의 길을 가느니, 길은 언제나 어디에나 있다."라는 말은 내 마음을 사로잡았다. 그분의 말대로 나는 '길은 언제나 어디에나 있다'라는 확신으로 내가 실행할 수 있는 방법을 찾았다. 그러다 기회를 만나 책을 쓰게 됐다. 책 출간은 내 인생 목표인 사람들을 돕는 가장 좋은 방법 중 한 가지였다. 그리고 유튜브 〈강훈작가비전TV〉 채널과 네이버 카페 〈강훈비전연구소〉를 설립해 '인간관계'와 '비전진로' 과정 등을 운영하고 있다. 그뿐만 아니라 강연 활동도 하고 있다. 지금은 코로나19 사태가 발생하기 전보다 더 바빠졌다.

올해 내가 새롭게 시작한 일 중의 하나는 '제네틱 웰니스 컨설턴트(유전자 컨설턴트)'이다. 고객이 DTC 유전자 검사를 하면 검사결과를 컨설팅해주는 직업이다. DTC 유전자 검사란 'Direct To Consumer'의 약자로 병원을 거치지 않고 개인이 직접 유전자 검사기관에 의뢰해 유전자 검사를 받는 서비스이다. 검사하는 방법도 어렵지 않다. 타액을 튜브에 담아 보존액을 넣어서 연구소에 보내면 2주 정도 후에 결과가 나온다. 검사 결과를 통해 고객에게 맞는 음식과 건강식품을 제시해 질병을 예방하거나 피부 관리 등을 해주는 유전자 맞춤형 컨설팅을 한다. 무서운 속도로 AI화 되어가고 있는 시대에 점점 더 부각될 직업이다. 그래서 나는 사람들에게 '제네틱 웰니스 컨설턴트(유전자 컨설턴트)'가 될 수 있는 방법을 소개하고 있다. 미래 가치가 좋고 사람들에게 도움을 주는 유익한 직업이기 때문이다. 이미 많은 분이 나를 통해 '제네틱 웰니스 컨설턴트(유전자 컨설턴트)'가 됐다. 나도 '제네틱 웰니스 컨설턴트(유전자 컨설턴트)'과정을 이수해 활동하고 있다. 당신도 도전해보라. 100세 시대를 넘어 120세 시대로 가고 있는 지금 가장 좋은 직업 중의 하나이다. 이제 사람들이 관심을 두기 시작해 선점한다면 당신의 경제에 큰 도움이 될 것이다. 관심 있는 분들은 내게 연락하라. '제네틱 웰니스 컨설턴트(유전자 컨설턴트)'가 될 수 있도록 도와드리겠다.

시련은 변형된 축복이라는 말이 있다. 위기는 기회라는 말도 있다. 모두가 포기하고 싶은 이때 우리는 기회라고 생각하고 지금 내가 할 수 있는 일을 시작하자. 그러면 반드시 길이 보일 것이다. 특히 취업이나 인간관계는 포기하면 안 된다. 이 글을 쓰고 있는 지금도 거리 두기가 완화되고 있다. 준비하지 않으면 기회가 와도 놓치게 된다. 무엇보다 취업과 인간관계는 따로 떼어놓을 수 없다. 원하는 것을 얻고 성공하기 위해서는 반드시 전문적인 실력을 쌓고 인간관계 능력을 길러야 한다.

내 제자 중 한 명은 영업 관련 일에 종사하고 있다. 코로나19 사태로 어려운 상황에도 그는 올해 더 좋은 조건으로 이직을 했다. 스카우트된 것이다. 그도 몇 년 전에 다니던 회사가 어려워져 퇴직했었다. 40대의 나이로 새로운 직장에 들어가기가 어려워 보였다. 그러나 그것은 기우일 뿐이었다. 얼마 후 그는 새로운 직장에 취직했다. 남들은 취직도 어렵다고 하는데 그의 비결은 무엇일까? 전에 다니던 직장 상사가 그를 새로운 직장에 소개해준 것이다. 전 직장 상사가 소개해줄 정도로 그는 인간관계가 좋다. 물론 그는 성실하고 능력이 있다. 그러나 그의 가장 큰 장점은 인간관계가 좋다는 것이다.

"취직하는 데 능력보다 인간관계를 더 중요하게 본다고?" 이해가 안 되는 사람도 있을 수 있다. 그러나 당신이 아는 분이 직원을 구한다며 괜찮은 사람을 소개해달라는 부탁을 받았다고 생각해보자. 당신이 아는 두 사람이 있다. 한 사람은 좋아하는 사람이고 한 사람은 피상적인 관계를 하는 사람이다. 당신은 두 사람 중에 누구를 소개해주겠는가?

아내는 대학교에서 보육학과를 졸업하고 어린이집 교사를 했었다. 그때 의미심장한 말을 했다. 어린이집 교사는 어린이집을 그만둘 때 마무리를 잘해야 한다는 것이다. 어떻게 보면 당연한 말이지만 나는 왜 그런지 물었다. 아내는 내게 이렇게 말했다.

"어린이집 원장님이 직원을 구할 때 그 사람이 전에 다녔던 어린이집에 전화한다더라고요. 그 사람이 어땠는지 물어본대요."

그러니 마무리까지 잘 하지 않으면 원하는 어린이집에 취직을 못 할 수도 있는 것이다.

어린이집만 그럴까? 취직을 준비하는 사람들은 들어갈 직장이 별로 없다고 한다. 하지만 고용주 입장에서도 괜찮은 사람을 구하기가 쉽지 않다. 늘 사람이 부족하고 사람이 문제다. 한 사람이 잘못 들어오면 회사에 안 좋은 영향을 미치기 때문이다. 나는 양쪽의 이야기를 많이 듣는다. 인간관계가 너무 안 좋은 부하직원 문제를 토로하는 사람들도 꽤 많았다. 그러니 중소기업에서는 믿을 만한 사람이 소개해주는 사람이 더 소중하게 여겨지는 것이다.

『끌리는 사람은 1%가 다르다』의 저자 이민규는 이렇게 말했다.

"모든 선택은 감정이 결정한다. … 사람들은 자신이 선택한 행동에 대해 매우 그럴듯하게 이성적인 근거를 제시한다. 하지만 그 이성적인 근거들은 단지 우리의 행동을 결정한 감정을 정당화하는 보조 수단에 불과하다."

실제로 우리의 선택은 이성보다 감정에 의해 좌우될 때가 많다. 좋은 사람이라는 감정이 생기면 장점만 보인다. 좋아하는 사람이 실수하면 인간미가 넘친다고 생각한다. 반면 싫어하는 사람이 실수하면 그 실수보다 더 민감하게 반응한다. 심지어 싫어하는 사람과 관련된 글자도 싫어하는 경우가 있다. 어떤 성도는 시어머니가 싫어서 시편도 안 읽는다고 하니 말이다. 그러니 당신이 정당하게 실력을 인정받기 위해서는 인간관계 능력이 좋아야만 하는 것이다.

인간관계는 포기할 수 있는 것이 아니다. 우리가 하는 모든 일 뒤에는 사람이 있기 때문이다. 어떤 사람은 인간관계 때문에 힘이 빠지고 늘 손해를 본다. 자신의 능력도 인정을 받지 못하는 경우도 많다. 반면 어떤 사람은 인간관계 때문에 힘을 얻고 심지어 타인의 도움도 받는다. 그러니 일의 성과가 더 좋아질 수밖에 없다. 당신의 노력과 능력이 인간관계 때문에 저평가를 받지 않기를 바란다. 당신이 인간관계 때문에 좋은 기회를 놓치지 않기를 바란다. 사랑받고 행복해야 할 당신이 인간관계 때문에 고통을 받지 않기를 바란다. 당신은 인정받고 존중받아야 한다. 무엇보다 당신은 사랑받기 위해 태어난 사람이다. 당신은 행복할 권리가 있다. 이 모든 것은 인간관계와 깊은 관련이 있다. 그러니 인간관계 능력을 키워야 한다. 당신이 하는 모든 일 뒤에는 사람이 있기 때문이다.

05

인간관계,
아는 만큼 행복해진다

인간관계를 어려워하는 사람들이 자주 하는 말이 있다. "이해가 안 되네?"이다. 그러나 상대가 이해가 안 되는 순간부터 관계는 어려워진다. 영국의 철학자 프랜시스 베이컨은 '아는 것이 힘이다'라고 했다. 인간관계도 마찬가지다. 아는 것이 힘이다. 인간관계에 대해 아는 만큼 관계가 편해지고 상대와 친밀해진다. 반대로 인간관계에 대해 모르면 모를수록 힘들어진다. 상대를 이해하지 못하면 생각과 언행에 힘을 들여야 하기 때문이다.

내게 사춘기 자녀의 문제로 상담을 요청하는 분들이 자주 하는 말이 있다. "도대체 뭐가 되려고 그러는지?", "도대체 누구를 닮아서 그러는지?", "어릴 때는 그렇게 말이 많던 애가 말을 안 해요." 등이다. 그 말의 끝은 "도무지 이해할 수가 없다."라는 말로 귀결되는 경우가 많다. 부모들의 이야기를 들어보면 대체로 자녀가 이해되지 않는다는 말이다. 사춘기 자녀들은 어떨까? "엄마가 뭘 안다고 그래요?", "나 좀 내버려둬요. 내가 알아서 할 테니까!" 등의 말을 한다. 결국, 자녀들도 부모와 대화가 안 돼서 불만이다.

어떤 분에게 들었던 이야기이다. 어느 날 중학생 딸이 학교에서 수련회를 간다며 옷을 골라 달라고 부탁했다. 딸은 엄마에게 옷 좀 골라 달라며 옷장에 있는 옷을 꺼내서 입기 시작했다.

"이 옷은 어때?"

"이 옷은?"

딸의 질문에 엄마는 성심껏 대답했다. 옷장 안에 있는 옷을 거의 다 입어본 딸은 그중 두 옷만 남겨뒀다. 검은색 계열의 옷과 파란색 계열의 옷이었다. 그리고 엄마에게 물어본다.

"엄마, 이 두 옷이 마음에 드는데 어떤 게 더 잘 어울려?"

엄마는 파란색 계열의 옷을 가리키며 말했다.

"수련회니까 밝은색 옷이 더 나을 것 같은데? 파란색 옷이 밝아 보이고 좋네."

딸은 엄마의 말을 듣고 옷을 입고 나갔다. 검은색 옷이었다.

그 엄마의 심정이 어땠을까? "왜 저러지?", "도저히 이해가 안 되네?" 가 아니었을까? "옷을 골라 달래서 도와줬더니 도대체 난 뭘 한 걸까?"라 는 생각이 들었을지도 모르겠다.

그 이야기를 들으며 동화 속 청개구리가 떠올랐다. 동시에 고등학교 때의 내가 떠올랐다. 내가 초등학교 4학년 때 어머니가 목사 안수를 받 았다. 1년 후인 5학년 때 교회를 개척했다. 그때부터 나는 동네 사람들에 게 목사 아들로 불렸다. 사춘기가 시작된 중학교 3학년 때 나는 염색을 했다. 동네 사람들이 나를 보고 수군거렸다.

"목사 아들이 머리가 왜 저래?"

그때만 해도 남자아이가 염색하면 안 좋게 봤다. 그때 내가 어떻게 했 을까? 다음날 더 찐하게 염색을 했다. '엄마가 목사지 내가 목사인가?'라 는 반항적인 마음이 들었기 때문이다.

당신의 사춘기는 어떠했는가? 사실 솔직하게 사춘기 시절을 떠올려보 면 반항적이었다는 사실을 부인할 수 없을 것이다. 특히 윗사람들에게 그렇다. 어른들이 하지 말라고 하면 하고 싶고 하라고 하면 하기 싫어진다. 내 아내는 고등학교 때 공부하려고 했는데 어머니가 "공부 좀 해라."라고 말씀하시면 이렇게 생각했다고 한다. '공부하려고 했는데 엄마가 공부하라고 해서 하기 싫어졌어.' 그리고 공부를 안 했다고 한다.

『발달심리학』의 저자 정옥분 교수는 부모와 청소년의 갈등에 대해서 이렇게 말하고 있다.

"일반적으로 부모와 청년(청소년) 자녀 간의 갈등은 청년(청소년) 초기에 사춘기의 시작과 더불어 증가한다. 사춘기의 생물학적 변화, 논리적 추론과 같은 인지적 변화, 독립과 정체감을 수반하는 사회적 변화 그리고 중년기 위기를 포함하는 부모 쪽의 신체, 인지, 사회적 변화 등이 청년(청소년)과 부모 간의 갈등의 증가원인이 된다. 부모와의 갈등은 청년(청소년) 중기에 안정되다가 청년(청소년) 후기가 되면 감소한다."

청소년기의 생물학적 변화와 인지적 변화, 그리고 독립과 정체감을 수반하는 사회적 변화가 부모와 자녀 간의 갈등의 원인이라고 한다. 청소년기는 신체뿐만 아니라 심리까지 총체적으로 급변하는 과정 중에 있다. 그래서 청소년들은 혼란을 겪는다. 그러니 스스로 통제하기가 어려울 수 있다. 내 지인 중의 한 명은 딸이 고등학교 2학년이 됐을 때 이렇게 말했다고 한다. "이제 미친 상태가 좀 진정이 되고 있어." 딸은 자기 자신이 통제되지 않았던 것을 알고 있었던 것이다.

부모는 사춘기 자녀의 발달과정에서 여러 가지 혼란이 있음을 알아야 한다. 더 나아가 독립성을 기르기 위해 몸부림치고 있다는 사실도 알아야 한다. 그러면 자녀의 언행을 어느 정도 이해하게 될 것이다. 오히려 자녀가 안쓰러워 도와주고 싶은 마음이 드는 부모도 있을 것이다. 그러면 자녀에게 적절한 지지를 해줄 수 있다. 그런 부모라면 자녀는 마음으로 감동하지 않을까?

반대로 부모의 상황에서 사춘기 자녀를 생각하면 모든 언행이 문제로 여겨진다. 더 나가면 "나 때는 말이야."로 이어질 가능성이 크다. 사춘기 청소년들이 가장 싫어하는 '꼰대'가 되는 것이다. 그러면 더는 자녀와의 대화가 이어질 수 없다. 서로의 입장만 고수하며 상처만 남기게 된다. 자녀와 대화를 하고 싶다면 한 번 더 자녀의 입장을 생각해보기를 바란다. 부모가 생각을 달리 해야 자녀와 대화할 수 있다. 거기서부터 자녀와의 관계는 회복되기 시작한다.

그럴 때 자녀는 부모의 말을 의미 있게 들을 것이다. 그러니 자녀를 바른길로 인도하고 싶다면 부모의 입장이 아닌, 자녀의 입장에서 접근해야 한다.

게다가 자녀가 청소년기가 되면 이들의 부모들 또한 힘든 중년의 시기가 된다. 사람이 중년기에 접어들면 자신들의 인생에 대해 심각하게 돌아보게 된다. 지금까지 추구해왔던 모든 것들이 의미가 있는지 점검하면서 많은 경우 삶에 회의를 겪는다. 그뿐만 아니라 이 시기의 부모는 부부 갈등, 건강문제, 인간관계의 갈등, 자신의 노후문제 등 여러 많은 문제를 겪을 수 있다. 그런 상황에서 사춘기 자녀의 언행을 보면 민감하게 반응하게 된다. 그러니 부모 자신도 중년기의 변화와 위기를 겪고 있다는 사실을 알아야 한다. 그러면 더는 감정적으로 대처하지 않을 수 있다. 결국, 인간관계는 '나와 너'를 알고 이해해야만 행복해진다.

비단 부모와 자녀 간의 관계만 그런 것이 아니다. 아니, 어떤 면에서는 부모와 자녀 간의 관계가 가장 어렵다. 특히 사춘기 자녀와 관계를 잘 맺는 사람은 어떤 관계도 잘 맺을 수 있는 능력자라 생각한다. 또한, 부모와 맺은 긍정적인 관계 경험은 자녀의 인간관계에 큰 영향을 미치게 된다. 많은 상담이론에서 관계문제 대부분을 부모와의 관계에서 비롯된 것으로 본다. 부모와 맺은 관계 패턴을 평생 반복하게 된다는 것이다. 그래서 나도 상담대학원을 다닐 때 부모와의 관계를 분석하고 문제를 해결하기 위해 끊임없이 노력했다. 그러니 자녀가 행복한 인간관계를 맺기를 원한다면 자녀와의 관계를 더 힘써야 한다.

더 나아가 인간관계를 잘 맺는 방법은 나의 관심보다 상대의 관심에 집중하는 것이다. 영업에 관련된 책들에서 하나같이 강조하는 것이 있었다. 바로 고객의 가족관계와 취미, 그리고 특기와 같은 관심사를 파악하라는 것이다. 고객의 관심사를 알고 먼저 그와 관련된 이야기를 하면 고객의 마음이 열린다는 것이다.

어떻게 보면 당연한 말처럼 들린다. 그러나 진리는 언제나 단순하다. 무엇이든지 기초와 기본이 튼튼해야 좋은 결과가 나온다. 반대로 기초와 기본이 지켜지지 않으면 어려움이 따라온다.

올해 1월, 전라도 광주에서 끔찍한 사건이 발생했다. 광주 신축 아파트의 외벽이 붕괴하는 사고가 난 것이다. 아파트 건설사는 국내 굴지의 대기업이었다. 이 아파트는 1순위 청약결과 433가구(특별공급 제외) 모집에 총 2만 9,261명이나 몰리며 평균 경쟁률 67.58대 1을 기록했다. 청약에 당첨된 사람들은 로또라도 당첨된 것 같은 기분이었을 것이다. 그러나 기대는 한순간에 공포가 됐다. 아파트 붕괴 원인에 대해 여러 가지 논란이 있지만, 기본적으로 지켜야 할 법규를 지키지 않았을 가능성이 크다. 아무리 대기업이라도 기본을 지키지 않으면 문제가 발생하는 것이다.

인간관계도 그렇다. 기초와 기본을 지켜야 성숙하고 행복한 관계를 맺을 수 있다. 인간관계의 기본은 상대를 이해하고 상대의 관심사에 집중하는 것이다. 물론 사람과 사람이 만날 때 첫인상이 중요하다. 단 몇 분이면 결정되는 첫인상은 바꾸기 어렵기 때문이다. 하나님은 마음을 보지만 사람은 겉모습을 볼 수밖에 없다. 그것이 사람의 한계이다. 첫인상을 관리하지 못하면 시작부터 손해를 볼 뿐이다. 그러니 첫인상을 좋게 하는 방법도 알아야 한다. 첫인상 이후에는 '라포' 형성 즉 신뢰 관계를 형성하는 방법을 배우고 더 나아가 의사소통 방법을 배워야 한다. 어렵게 생각되는가? 그렇지 않다. 이 책을 통해 하나하나 알아가면 된다. 기초와 기본만 세워지면 당신의 인간관계는 지금보다 훨씬 좋아질 것이다. 그리고 라포 형성과 의사소통을 알고 실천하면 안 좋았던 인간관계도 회복되기 시작할 것이다. 더 나아가 누구를 만나도 편안하고 행복할 자신감이 생길 것이다.

다시 한번 기억하자. 인간관계도 아는 것이 힘이다. 상대를 알면 이해가 되고 상대의 관심사에 집중하면 친밀해질 수 있다. 사춘기 자녀와의 관계도 회복되는데 어떤 관계가 어렵겠는가. 상대를 아는 일이 힘들다고 겁먹지 말자. 알아가는 재미가 있다. 그것이 내가 39살에 상담대학원을 도전한 이유다. 오히려 상대를 알지 못하면 관계에 더 큰 힘을 들여야 한다. 힘을 들일 것인가? 힘을 얻을 것인가? 선택은 당신에게 있다. 인간관계는 아는 만큼 행복해진다. 생각보다 소중한 사람들이 당신을 기다리고 있다. 인간관계 기술을 알면 그들이 당신을 더 행복하게 해줄 것이다.

06

행복은 성적순이 아니라
관계 능력이다

"너의 인생 목표는 뭐니?"

"행복하게 사는 거요."

"지금은 행복하지 않니?"

"별로 행복하지 않네요."

"그러면 어떻게 하면 행복해질 것 같니?"

"임용고시에 합격해서 교사가 되면 정말 행복할 거 같아요."

과거에 내가 한 대학생과 대화한 내용이다. 다른 대학생들에게도 똑같은 질문을 했다. 대부분 비슷한 반응이었다. 좋은 직장에 취직하면 행복할 것 같다는 것이다. 좋은 직장에 취직하면 행복할까? 또 다른 목표를 이뤄야 행복할 것 같다고 말한다. 또 다른 목표는 무엇일까? 돈을 많이 벌어서 부자가 되는 것이나 사랑하는 사람과 결혼하는 것 등이다. 나는 다 일리 있다고 생각한다. 그러나 돈만 많거나 사랑하는 사람만 있거나 둘 중 하나가 부족하면 행복해지기는 쉽지 않다. 사람에게는 돈, 인간관계, 건강, 나눔이 중요하다. 그 중의 어느 하나가 결핍된다면 진정한 행복을 누리기는 쉽지 않다. 그래서 나는 2021년에『성경에서 찾은 더 크게 성공하는 법』이라는 책을 썼다. 그리고 지금 관계에 관한 책을 쓰고 있다. 다음 책은 건강에 관한 책을 써야 할까? 나눔에 대해서는『성경에서 찾은 더 크게 성공하는 법』에서 충분히 다뤘다.

20여 년 전 알고 지내던 부자가 있었다. 그녀는 1년의 반 가까이를 해외에서 호화스러운 여행을 했다. 자신이 하고 싶은 일이 있으면 비용이 얼마이든 상관없었다. 그녀는 작은 부자가 아니라 큰 부자였다. 나와는 다른 세상에서 살아가고 있는 사람이었다. 가끔은 부럽기도 했다. 그때 나는 가난한 신학생이었기 때문이다. 그런데 그녀는 우울증으로 힘들어 했다. 오랫동안 정기적으로 상담을 받고 있었다. 큰 부자인 그녀는 왜 우울증에 걸렸을까? 그때는 자세한 내막을 몰랐지만, 나중에 인간관계 문제였다는 것을 알게 됐다. 큰 부자여도 인간관계에 문제가 있으니 우울해했던 것이다.

돈은 우리에게 편리함을 제공하지만 모든 것을 해결해주지는 못한다. 인간관계에서는 더욱 그렇다. 물론 돈으로 사람들의 환심은 살 수 있다. 돈이 많으면 잘 보이려고 하는 사람들도 있을 것이다. 그러나 그것이 진심이 아니라는 것은 곧 알게 된다. 최근에 지인들과 대화를 하다가 40대에 큰 성공을 이룬 싱글 여성의 이야기를 들었다. 그 여성이 지인에게 좋은 남자를 만나기가 쉽지 않다는 고민을 토로했다고 한다. 자신의 성공이 진실한 배우자를 만나기 어렵게 한다는 이야기였다. 그때 같이 대화를 하던 한 지인이 공감하며 말했다. "저도 그렇다니까요." 그 지인도 30대 후반에 나름대로 성공 가도를 달리고 있었다. '와!' 하마터면 소리를 지를 뻔했다. 전혀 생각해보지 못한 고민이었기 때문이다. 한편으로는 그럴 수도 있겠다는 생각이 들었다. 누구나 관계를 맺을 때 자신의 외모나 경력이 아닌 존재 자체를 보고 좋아해주기를 바란다. 그들도 자신의 성공 여부가 아닌 존재 자체를 봐주는 사람을 만나고 싶었을 것이다.

나는 의무경찰 복무로 군복무를 대체했다. 의무경찰은 훈련소에서 4주간 훈련을 받은 후 경찰학교에서 3주 동안 교육을 받는다. 3주 차에 시험을 보고 시험 점수에 따라 자대배치가 결정된다. 그래서 훈련병들은 저

녘에 틈나는 대로 공부했다. 조금이라도 더 좋은 곳으로 배치를 받고 싶었던 것이다. 그때 경찰학교에 있는 교회에서 목사님이 하셨던 말씀이 아직도 기억난다.

"어디로 가느냐보다 누구와 함께하느냐가 중요합니다."

물론 목사님이시니 하나님과 함께해야 한다는 의미였을 것이다. 그러나 그때의 교훈은 나의 인간관계에서도 중요한 지침이 됐다. 그때부터 나는 함께하는 사람들을 가장 소중히 여기기로 했다. 살아갈수록 어디에 있느냐보다 누구와 함께하느냐가 중요하다는 것을 깨닫게 된다.

그렇다. 사람은 어디에 있느냐보다 누구와 함께하느냐가 더 중요하다. 좋은 사람과 좋은 인간관계를 하고 있다면 일이 힘들어도 견딜 만하다. 반면 마음이 맞지 않는 사람과 함께하면 무슨 일을 해도 괴롭다. 또한, 즐겁게 일해야 일의 능률도 오른다. 인간관계가 안 좋으면 일의 성과도 미미할 수밖에 없다. 데일 카네기는 성공의 85%가 대인관계로 결정된다고 했다. 성공과 인간관계는 깊은 연관성이 있다는 것이다.

실존주의 철학자 키에르케고르(Kierkegaard)도 이렇게 말했다.

"행복의 90%는 인간관계에 달려 있다."

행복하기 위해서는 인간관계 능력이 있어야 한다는 것이다. 나와 맞는 사람과 맞지 않는 사람은 어디에나 있다. 피할 수 있다면 괜찮지만 피할 수 없는 사람들도 있다. 어쩔 수 없다면 그 상대와 관계를 잘 맺는 방법을 찾아야 할 것이다. 그런 경우가 생각보다 많다. 게다가 내가 맺는 인간관계에는 언제나 내가 있다. 내가 어떻게 하느냐가 인간관계에 큰 영향을 미친다는 것이다.

상담목회를 하는 교회에서 부목사로 섬길 때 '의사소통 훈련'과 '인간관계 훈련'을 받았다. 각각 5주의 과정이었다. 처음에는 의사소통 훈련과 인간관계 훈련을 받으라니 조금 의아했다. 게다가 그때까지 나는 의사소통과 인간관계를 잘한다고 생각했었다. 그러니 '바쁜 주일에 굳이 그런 훈련을 받아야 하나?'라는 생각이 있었다. 그러나 1주, 2주 배우면서 생각이 완전히 달라졌다.

그동안 왜 이런 훈련을 받지 않았나 싶을 정도였다. 그때 받은 훈련이 지금까지 내게 큰 도움이 되어오고 있다. 교회를 개척하고 상담대학원을 다닐 때 더 많이 도움이 됐다. 그래서 현재 네이버 카페 〈강훈비전연구소〉에서 그 과정들을 운영하고 있다. 의사소통 훈련에서는 경청, 심정대화, 감정표현, 공감을 다룬다. 인간관계 훈련에서는 자기개방, 주도성, 자각, 직면, 사랑의 관계를 가르친다. 인간관계에서 절대적으로 필요한 핵심 내용이다. 지금까지 많은 사람이 이 훈련을 받고 인간관계가 좋아졌다.

누구나 좋아하는 사람과 있으면 행복하다. 당신은 어떤 사람을 좋아하는가? 어떤 사람과 함께할 때 행복한가? 대부분은 '마음이 통하는 사람'이나 '대화가 잘 되는 사람'이라고 답한다. 2가지인 것 같지만 서로 연결되어 있다. 마음이 통할 때 대화가 잘 되고, 대화가 잘 될 때 마음이 통한다. 의사소통은 사전적으로 나와 상대가 가지고 있는 생각이나 뜻이 서로 통한다는 의미이다. 인간관계에서 대화는 혈액순환과 같다. 혈액순환에 장애가 생기면 신체에 여러 가지 문제가 발생한다. 마찬가지로 대화에 장애가 생기면 인간관계에 문제가 발생하게 되는 것이다. 대화는 우리의 삶이다. 좋은 대화는 힘과 위로를 주고 때로는 사람을 살리기도 한다.

성경 잠언 25장 11절에 "경우에 합당한 말은 아로새긴 은쟁반에 금사과니라"라는 말씀이 있다. '경우에 합당한 말'이란 때와 장소에 적절한 지혜로운 말을 가리킨다. '아로새긴 은쟁반'은 매우 귀한 물건을 의미한다. '금사과'는 탐스러운 과일을 의미한다. 경우에 합당한 말을 하는 사람은 지혜롭고 귀한 존재로 인정받는다는 것이다.

무엇보다 반드시 인정해야 할 사실이 있다. 사람은 다 각자의 개성이 있다는 것이다. 똑같이 생긴 쌍둥이라도 자세히 보면 다르다. 특히 성격은 전혀 다른 쌍둥이도 있다. 개인심리학의 창시자 알프레드 아들러는 "각 개인은 자신의 고유한 삶의 목표와 그 목표를 달성하는 고유한 방식을 갖고 있다."라고 했다. 또한 "출생순위와 가족 내 위치에 대한 지각은 세상과 상호작용하는 방식에 큰 영향을 미친다."라고 했다. 사람마다 자신의 고유한 방식이 있고 출생순위에 따라 성격의 특징이 다르다는 것이다. 이렇게 사람은 서로 성격이 다르기에 관계에 문제가 생기게 되는 것이다. 그러나 서로의 다름을 인정하고 어떻게 다른지 알면 그 다름은 서로에게 큰 유익이 된다. 다르기 때문에 다툼이 생기는 것이 아니라, 다르기 때문에 서로에게 도움이 되는 것이다. 나와 다른 사람을 통해 내가 생각할 수 없는 생각을 듣고 배울 수 있기 때문이다.

알프레드 아들러는 다름에 대해서 이렇게 말했다.

"자신과 다른 의견을 말하는 사람은 당신을 비판하려는 의도가 있는 것이 아니다. 차이는 당연하고, 그렇기에 의미가 있는 것이다."

다름은 틀린 것이 아니라 유익한 것이다. 우리의 다름이 우리의 사회를 발전시켰다. 그러니 우리가 할 일은 대화법을 배워 서로 다름을 존중하며 조화를 이루는 것이다. 이것이 당신의 행복을 위하고 사회의 발전을 위한 것이다.

행복은 성적순이 아니다. 관계의 능력이다. 당신은 어떤 삶을 살고 싶은가? 행복해지길 원한다면 먼저 인간관계 능력을 키우자. 어디에 있느냐보다 누구와 함께하느냐가 중요하다. 대부분의 성공은 인간관계 능력으로 결정된다. 무엇보다 당신에게 마음이 통하는 사람을 많게 하자. 상대와 마음이 통하기 위해서는 의사소통 능력이 있어야 한다. 진정한 통함은 대화에서 비롯되기 때문이다. 의사소통을 잘하면 상대의 다름은 더이상 문제가 안 된다. 오히려 당신과 상대 모두에게 유익이 된다. 그러니 의사소통 능력을 키우자. 인간관계 능력, 의사소통 능력은 배우고 연습하면 성장한다. 이것이 지금 당장 당신이 행복해질 수 있는 비법 중의 비법이다.

07

조화로운 관계가
경쟁력이다

작년에 책을 출간하면서 새롭게 도전한 일들이 많다. 유튜브 〈강훈작가비전TV〉와 네이버 카페 〈강훈비전연구소〉 등 내가 가진 달란트를 활용하기 위해 도전했다. 새로운 도전은 올해도 지속됐다. 올해 1월 초에 내 책의 독자에게 연락이 왔다. 그는 웅진코웨이 CEO였던 두진문 회장이었다.

그리고 내게 책 제목대로 사람들에게 성공할 수 있도록 실질적으로 도움을 주자는 제안을 했다. 그것은 바로 제네틱 웰니스 컨설턴트(유전자 컨설턴트)와 구독경제였다. 취직이 어려운 이 시대에 미래 가치가 있는 새로운 직업이다. 들어보니 취지가 정말 좋았고 실제로 사람들에게 큰 도움이 될 것 같았다. 두진문 회장은 만날수록 열정과 실력, 그리고 인격이 좋게 느껴져서 함께 하기로 했다. 역시 그가 크게 성공한 나름의 이유가 있었다. 개척교회 목사의 새로운 모델이 되어 선한 영향력을 미치겠다는 목표도 생겼다.

또 하나의 도전은 찬양팀 '아하브워십'의 지도 목사가 된 것이다. 이 팀은 드럼과 기타를 전공한 기독교 청년들이 기획해 결성된 찬양 사역팀이다. 지금 현재 나를 포함해 13명으로 구성되어 있다. 팀을 기획한 청년 중 한 명이 내게 영적으로 이끌어주기를 요청해 올해 1월부터 돕게 됐다. 비대면으로 연습하다 지난 2월 말, 거리 두기가 완화됐을 때 대면으로 만나 연습을 했다. 한 번도 만나지 못해 얼굴도 볼 겸 합을 맞춰보자는 취지였다.

역시 전공자들이라 실력이 출중했다. 악기팀과 보컬팀, 모두 훌륭했다. 그렇게 한 곡 한 곡 연습하다 중간에 불협화음이 들렸다. 누군가 화음을 넣었는데 맞지 않았다. 처음 대면 연습이라 실수도 있었다. 지금은 악기 팀과 보컬 팀, 모두 정말 잘 맞는다.

음악은 하모니가 중요하다. 아무리 좋은 음악이어도 한 음만 어긋나면 거슬린다. 나는 TV를 잘 보지 않는다. 그러나 오디션 프로그램은 재방송으로라도 본다. 음악을 좋아하기도 하지만 참가자들의 열정적인 도전을 보면 힘을 얻는다.

그들의 열정적인 에너지를 받는 느낌이 들어 좋다. 대부분의 오디션은 경연 과정 중에 단체전을 한다. 참가자의 개인 실력도 중요하지만, 단체로 할 때 하모니를 맞추는 것을 보는 것이다. 아무리 뛰어난 참가자라도 하모니를 맞추지 못해 탈락하는 사람이 있다. 또한, 1위를 한 팀은 팀원 모두 합격한다. 개인적으로 나는 개인전보다 단체전을 더 좋아한다. 하모니를 이룬 곡은 아름다운 감동을 준다. 실제로 하모니를 잘 이룬 팀의 노래가 소위 '레전드'라고 불릴 만큼 좋을 때가 많다. 하모니가 경쟁력인 것이다.

하모니의 순화어는 조화이다. 조화는 서로 잘 어울린다는 의미이다. 최근에 개인주의를 다룬 자기계발 서적들이 많이 출간된다. 개인주의에 대한 교훈 중 공감되는 부분들이 많다. 개인의 건강하고 행복한 삶을 위해서는 자기 자신을 사랑하고 잘 챙길 줄 알아야 한다. 그러나 균형이 중요하다.

사람은 혼자서만 살아갈 수 없고 인간관계를 통해서만 얻는 기쁨과 유익이 있기 때문이다. 진정한 행복은 건강한 인간관계에서 꽃피운다. 무엇보다 아무리 뛰어난 실력자라도 사회에서 조화를 이루지 못하면 도태될 수밖에 없다.

개인주의가 중요시되는 시대여서일까? 오히려 회사에서는 구성원들과 조화로운 관계를 형성할 능력을 요구한다. 한 개인이 아무리 능력이 있어도 구성원들과 어울리지 못하면 그 팀은 좋은 성과를 내기 어렵기 때문이다. 일은 혼자 하는 게 아니다. 내가 필요로 하는 것을 다른 사람이 가지고 있을 수 있다.

반대로 다른 누군가가 필요로 하는 것은 내가 가지고 있을 수 있다. 성과를 이루려면 다른 사람의 도움이 필요하고 협업할 수 있어야 한다. 집단은 단순한 부분들의 합이 아닌 그 이상이라는 말이 있다. 그러니 조화로운 관계가 되면 놀라운 성과를 이룰 수 있는 것이다. 이것이 회사에서 조화로운 관계의 능력을 요구하는 이유이다.

조화로움이 얼마나 중요한지는 우리의 신체를 봐도 알 수 있다. 20여 년 전 이지선 교수의 간증을 들은 적이 있다. 이지선 교수는 꽃다운 대학생 시절 음주 운전한 차량이 충돌해 심각한 화상을 입었다. 이지선 교수는 치료과정뿐만 아니라 화상으로 기능을 못 하는 지체 때문에 고통스러웠다고 했다. 그때 피부 하나하나가 얼마나 중요한지 깨달았다. 그런 고통 속에서 오히려 하나님의 사랑을 깨닫고 그 사랑을 전하는 이지선 교수의 간증에 감동의 눈물을 흘렸었다.

우리 신체의 조화를 보면 정말 신비롭다. 신체 어느 하나 필요하지 않은 지체가 없다. 하나하나의 지체가 고유의 역할을 할 때 건강해진다. 7년 전 축구를 하다 발등에 금이 갔다. 새벽 예배를 마치고 축구를 하다 다친 것이다. 하필이면 그때가 6월이었다. 당시 내가 섬기던 교회는 선교를 중요시했다. 담임 목사님이 6월부터 몽골 선교를 시작으로 여러 나라에 선교를 다니셨다. 당시 선임 부목사였던 내가 담임 목사님의 설교를 많은 부분 대체해야 했다. 오른쪽 다리에 깁스한 상태라 똑바로 서기도 힘들었지만, 목발을 짚고 한 시간씩 예배를 인도했다. 게다가 당시 내가 맡았던 청년부는 4층에 있었다. 오래된 건물이라 엘리베이터도 없다. 목발을 짚고 4층에 가서 설교했다. 시간이 지나자 다친 오른발뿐만 아니라 왼쪽 다리도 아파왔다. 더 시간이 지나자 허리도 아팠다. 오른쪽 발이 아프고 제 기능을 발휘하지 못하니 다른 지체에 무리가 가게 된 것이었다. 그때 균형과 조화의 중요성을 절실히 깨달았다. 건강은 신체의 균형과 상관관계를 맺는 것이다.

가족관계도 마찬가지다. 가족 중의 한 사람이 아프면 가족 모두가 힘들어진다. 마음뿐만 아니라 경제적인 어려움도 생긴다. 우리 집이 그랬다. 아버지가 뇌경색으로 쓰러지자 어머니도 힘들어지셨다. 당시에 나도 공부에 집중하기 어려웠다. 신학을 준비하던 때였는데 말이다. 아버지를 업고 병원에 다니고 대소변도 도와드려야 했다.

최근 아하브워십팀의 한 형제가 동생이 있는 제주도에 내려가야 한다고 했다. 동생이 몹시 아프다고 했다. 그 형제는 30세로 인생에서 중요한 시기였다. 그런데 동생이 아프니 자신의 인생과 미래에 집중할 수 없었다. 얼굴이 매우 어두웠다. 동생을 위해 자신의 중요한 시기를 희생하니 기특하면서도 마음이 아팠다. 그저 그 형제의 동생이 하루빨리 건강해지기를 기도할 뿐이다.

가족 상담에 체계이론이 있다. 한재희 교수는 『상담패러다임의 이론과 실제』에서 이렇게 말한다. "체계란 서로 관계를 맺으며 영향을 끼치고 있는 상호의존적 부분들의 역동적 연결망으로서, 체계로서의 가족은 가족을 이루는 구성요인들끼리 상호성과 함께 전체성을 이루고 있다. 체계이론은 상호 작용하는 부분들이 전체 안에서 연계가 되어 있는 방식에 초점을 맞추고 있다."

쉽게 말하면 가족은 하나의 체계와 같이 구성원들 서로가 영향을 주고받는다는 것이다. 그래서 개인이 변하면 가족 전체가 영향을 받는다고 본다. 가족 상담의 목적은 전체 가족이 만족스럽게 각자의 역할을 수행하고 성장하는 것에 있다. 이것이 조화로운 관계이다.

성경에는 '돕는 배필'이 나온다. 하나님께서 아담을 창조하시고 혼자 사는 것을 좋지 않게 보셨다. 그래서 서로 '돕는 배필'로 하와를 창조하셨다. 돕는다는 것은 상대의 부족한 것을 채워주는 것이다. 자신이 가지고 있는 장점으로 돕는 것이다. 그래서 서로 세워주고 성장하게 하는 것이다. 하나님께서 처음부터 남자와 여자를 다르게 창조하셨다. 성경대로 부부가 서로의 단점을 보완해주고 서로의 장점을 살려주면 얼마나 행복할까? 행복할 뿐만 아니라 하는 일마다 잘 될 수밖에 없다. 부부관계에서 '1+1=2'가 아니다. '1+1'의 시너지 효과는 엄청나다. 10이 될 수도 있고 100이 될 수도 있다.

괴테는 이렇게 말했다.

"스스로를 고립시키는 것은 좋지 않다. 특히 혼자 고립된 상태에서 일하는 것은 가장 나쁘다. 제대로 된 성과를 이루어내기 위해서는 반드시 협력과 자극이 필요하다."

조화로운 관계가 협력과 자극을 주고 제대로 된 성과를 이루어낸다. 이것이 조화로운 인간관계가 경쟁력인 이유다. 그러니 성공하고 싶다면 조화로운 인간관계를 맺을 수 있는 능력을 길러야 한다. 무엇보다 조화로운 관계는 행복할 수밖에 없다. 서로 잘 어울리니 신바람이 난다. 어디에서 무엇을 하든 즐겁다. 그러면 더 성과가 좋아질 것이다. 조화로운 관계는 성과와 행복감에서 선순환을 일으킨다.

RELATIONSHIP

2장

관계가 어려운
진짜 이유

이해는 하지만
용서는 되지 않는다고?

칼 구스타브 융은 이렇게 말했다.

"타인의 어떤 말과 행동에 당신이 상처받는지를 잘 들여다봐라. 그것은 당신이 어떤 사람인지를 알려줄 것이다."

상처를 잘 받는 사람들이 있다. 별말 아닌데 상처를 받았다며 수동적인 공격을 하는 사람들이 있다. 내가 아는 사람 중에는 "저는 뒤끝 백만 년이에요."라고 하는 사람도 있었다. 그는 무언가에 상처를 받으면 소위 말하는 잠수를 탄다. 차라리 상처받았다고 말하는 사람은 조금 낫다. 최소한 이유는 알게 되니 말이다. 그런 사람들과 관계를 맺을 때면 말 한마디뿐만 아니라 표정도 매 순간 조심해야 한다. 헤어지고 나면 녹초가 된다. 과연 상대만 불편할까? 상처를 잘 받는 본인은 더 힘들 것이다.

유독 상처를 잘 받는다면 이전에 받은 상처에서 헤어나지 못하는 상태일 수 있다. 그러니 건강한 인간관계를 원한다면 그 상처를 반드시 치유해야 한다. 이는 자기 존중감과도 관련 있다. 자기 존중감은 자신의 능력과 가치에 대한 전반적인 평가와 태도를 말한다. 자기 존중감이 높을수록 비합리적 신념이 낮다는 연구 보고가 있다. 그러니 자기 존중감을 높여야 한다.

둘째로 생각을 바꿔야 한다. 인지 치료에서는 부정적으로 사고하는 방식을 합리적이고 논리적인 것으로 바꿔야 한다고 강조한다. 감정은 사건 자체에서 생기는 것이 아니라 사건에 대한 해석에 따라 변하기 때문이다. 그 해석 방식을 긍정적으로 바꿔야 한다. 그래서 나 자신과 상대, 그리고 사건에 대한 이해력이 중요한 것이다.

목회상담 시간에 교수님이 질문하셨다.

"이해가 되세요?"

교수님은 주로 사회적으로 물의를 일으킨 사람들의 영상을 보여주신 후 질문하셨다. 당시 30대 초반이었던 나는 영상을 보고 큰 충격을 받았다. 그런데 이해가 되냐고 질문하시니 정말 당혹스러웠다. 이후로도 교수님의 이해가 되냐는 질문은 수업 시간마다 계속됐다. 도저히 내 상식으로는 이해되지 않는 사건들이었는데 말이다. 어쩌면 교수님의 이 질문에 답을 얻기 위해 상담 공부를 본격적으로 했는지도 모르겠다.

신학대학원을 졸업한 후에 나는 기독교 상담 과정을 공부했다. 그때 배운 과목 중에 '방어기제'라는 과목이 있었다. 방어기제란 자아가 위협받는 상황에서 감정적 상처로부터 자신을 보호하는 심리 의식이나 행위를 말한다. 방어기제 중에 투사가 있다. 투사는 사회학 사전에 '개인의 성향인 태도나 특성에 대하여 다른 사람에게 무의식적으로 그 원인을 돌리는 심리적 현상'이라고 정의한다. 자아가 인정하기 불쾌한 특징을 스스로 가지고 있다는 것을 부정하는 동시에 남에게 그 특징을 부여하는 방어기제이다. '내가 하면 로맨스 남이 하면 불륜'을 생각하면 된다. '똥 묻은 개가 겨 묻은 개 나무란다.'라는 속담도 있다. 과거나 현대나 사람들의 사고방식은 크게 다르지 않았던 것이다.

투사에 대한 교수님의 설명이 아직도 기억난다. 교수님은 이렇게 말씀하셨다.

"어떤 사건을 보거나 들으면 부정적인 감정이 확 일어납니다. 사실 세상 모든 사람이 짓는 대부분의 죄는 내 안에 조금이라도 갖고 있습니다.

관심이 없는 사람은 부정적인 감정도 없습니다. 투사는 자기 안에 있기 때문에 작용합니다. 투사는 자기 안에 있는 것을 타인에게 덮어씌우는 겁니다. 남 탓은 죄책감이나 자신에 대한 부정적인 감정을 피하기 위한 합리화예요."

그리고 이런 질문을 했다.

"시험시간에 누가 커닝을 했습니다. A는 관심이 없습니다. B는 자기도 커닝을 해야 하는지 20분 정도 고민하다 하지 않았습니다. C는 커닝할까 말까 50분 고민하다 결국 하지 않았습니다. D는 다음 시험에 커닝했습니다. 이 중에 누가 커닝한 사람을 가장 비난할까요?"

당신은 누구일 것으로 생각하는가? 커닝할까 말까 50분 내내 고민하다 하지 않은 C였다. 자기도 하고 싶은데 하지 못하니 더 분노하고 비난한다는 것이다. 충격적이었다. 이후로 나는 누군가의 언행을 보고 분노가 일어나면 나 자신을 돌아보았다. 혹시 투사를 하고 있는 것은 아닌지. 그 결과 나와 다른 사람들에 대해 점점 더 이해할 수 있게 됐다. 여전히 이해가 안 되는 경우도 있지만 잠시 숨을 고르고 생각을 정리하면 부정적인 감정이 줄어들었다.

그런데 많은 사람이 이해는 하지만 용서는 되지 않는다고 한다. 왜 그럴까? 사실 나도 그렇다. 용서가 안 된다는 것은 제대로 이해하지 못했다는 것이다. 이해는 단순한 정보를 안다는 뜻이 아니다. 국어사전에는 이해를 '사리를 분별하여 해석함', '깨달아 앎. 또는 잘 알아서 받아들임', '남의 사정을 잘 헤아려 너그러이 받아들임'이라고 풀이한다. 이해는 상대의 사정을 잘 헤아리고 너그러이 받아들이는 것까지 포함한다는 것이다. 그런 면에서 상대를 이해하는 것은 용서의 중요한 단계 중 하나이다.

무엇보다 용서는 타인만을 위한 것이 아니다. 타인에게 받은 상처가 내 인생을 지배하지 않도록 하는 것이다. 상처는 분노와 증오로 내 마음을 병들게 한다. 부정적인 감정이 순간순간 내 마음을 지배하기 때문이다. 부정적인 감정은 부정적인 행동을 만든다. 또한, 부정적인 감정은 사람을 우울하게 하고 때로는 무기력하게도 만든다. 그러니 부정적인 감정이 많으면 성공적인 삶을 살기 어렵다. 긍정적인 생각과 감정을 가지고 도전해야 성공할 가능성이 커지기 때문이다.

그래서 트래비스 브래드베리는 『감성지능 코칭법』에서 "용서한다는 건 상대의 행동을 용납한다는 것이 아니다. 나 자신이 그들의 감정적 피해자 상태에서 벗어나 자유로워진다는 것, 그뿐이다."라고 했다. 피해자 상태에서 벗어나 자유로워지는 것이 용서라는 것이다. 용서는 나의 분노가 내 마음을 더 이상 망가뜨리지 않도록 지켜주는 것이다. 용서할 수 없다는 마음을 오래 가지고 있으면 분노와 원망이 더 커지게 된다. 그러다 보면 미워하는 사람을 닮게 되어 인격이 파괴된다. 그러니 용서는 나 자신을 위한 것이다.

나는 오랫동안 아버지를 미워했다. 아버지를 미워하는 마음이 있으니 신학을 해도 자유롭지 못했다. 부정적인 정서들이 내 마음 한구석을 차지하고 있었기 때문이다. 그때 내가 택한 방법은 회피였다. 될 수 있으면 아버지와 마주치지 않았다. 그러다 2002년 추석 당일 새벽에 아버지가 쓰러지셨다. 뇌경색이었다. 아버지는 몇 달간 앉지도 못하셨다. 오른쪽 마비로 균형을 잡지 못하셨다. 그래서 당시 신학대학교를 준비하던 내가 아버지를 업고 병원에 다녔다. 식사뿐만 아니라 대소변도 도와드렸다. 그러면서 아버지와 대화를 하기 시작했다. 언어 장애까지 오신 아버지는 보디랭귀지와 몇 가지 불명확한 언어로 의사 표현을 하셨다. 병들어 약해진 아버지를 모시고 단순한 의사소통을 하며 아버지의 입장이 되어 생각하기 시작했다. 그때 내 마음이 '이해는 하지만 용서는 안 된다.'였다. 점차 아버지에 대해 이해가 깊어지면서 아버지를 용서하게 됐다. 사실 아버지를 용서한다는 표현이 적절하지는 않다. 그러나 이후에 나는 자유로워졌다. 아버지를 미워하면서도 미워하는 이유와 닮았던 성격들은 조금씩 변해갔다. 아버지와의 관계문제로 있었던 권위자 이슈도 해결되기 시작했다. 아버지를 용서하니 내 마음의 상처들은 치유되기 시작했고 인간관계 능력도 향상됐다. 아버지는 내게 고마워하시며 눈물을 자주 흘리셨다. 내가 목사 안수를 받을 때, 교회를 개척했을 때, 그리고 설교할 때 아버지가 가장 많이 기뻐하시며 눈물을 흘리셨다. 아버지도 버릇없는 나를 용서하셨던 것이다.

심수명 교수는 『비전의 사람들』에서 이렇게 말한다.

"용서는 용서받는 사람과 용서하는 사람을 모두 풀어줍니다. 그리하여 새로운 미래를 향해 전진하도록 도와줍니다."

용서해야 아픈 과거에서 벗어날 수 있다. 그럴 때 새로운 미래를 향해 전진할 수 있는 여유와 힘을 갖게 된다. 이미 지나간 과거로 현재 고통을 받기에는 당신은 너무나 소중하다. 누군가 사랑만 하기에도 시간이 모자란다고 했다. 지금 여기가 중요하다. 그리고 미래가 달라지기를 원한다면 용서하자.

심수명 교수는 용서의 5가지 과정을 제시한다.

"첫 번째 과정은 내가 입은 고통, 상처, 손상이 무엇인지 생각하는 것입니다. 두 번째 과정은 신뢰할 만한 사람에게 자신의 상처와 분노를 표현하는 것입니다. 이러한 과정을 거쳐야만 세 번째 과정인 용서를 시작할 수 있습니다. 용서는 '빚을 청산'하는 것과 같습니다. 나에게 빚진 사람이 있으면 내가 얼마의 빚을 탕감해줄 것인지 생각해보고 탕감해보듯이, 상처도 내가 받은 상처와 감정이 무엇인지 알아야만 무엇을 용서해야 하는지 분명해집니다. 네 번째는 용서하겠다고 결단했으면 이제 새로운 시각으로 그 사건을 바라보는 것이 필요합니다."

용서는 그저 잊어버리는 것이 아니다. 잊어버린다는 것은 증오와 원망, 그리고 분노와 같은 부정적인 감정들을 잠시 꺼둔 것뿐이다. 언제 다시 그 기억이 되살아날지 모른다. 또한, 비슷한 상황이 오면 더 부정적인 감정으로 표출된다. 마음의 상처는 저절로 치유되지 않는다. 신체의 상처와 같이 상처 난 곳을 소독하고 약을 바르고 꿰매야 한다. 그렇지 않으면 시간이 지날수록 더 고통스러워진다. 그러니 내가 입은 상처와 고통이 무엇인지 정확하게 생각해보고 적절한 조치를 취해야 한다. 나 자신을 스스로 위로하고, 신뢰할 만한 사람에게 자신의 상처와 분노를 표현하자. 상처와 분노를 밖으로 발산시켜야 한다. 그때 감정의 정화가 되고 치유가 시작된다. 그러면 비로소 용서할 수 있는 힘과 여유가 생기는 것이다.

용서란 쉽지 않은 일이다. 잘못된 언행을 무조건 덮어두거나 잊어버리는 것도 아니다. 오히려 용서하기 위해서 내가 입은 고통과 상처 그리고 손상이 무엇인지 생각해야 한다. 그 과정이 고통스러울 수 있다. 그러나 나를 위해 그 과정을 직면하고 감정정화를 해야 한다. 그럴 때 비로소 진정으로 용서를 시작할 수 있다. 무엇보다 용서는 나 자신에게 자유를 준다. 그런 면에서 용서는 나를 위한 것이다. 이해는 용서와 깊은 상관관계가 있다. 용서는 누구나 실수를 한다는 것을 이해하는 것이기 때문이다. 그러니 제대로 이해하자. 그리고 용서의 과정을 적용하자. 용서는 과거를 청산하고 지금 여기와 밝은 미래를 위한 것이다. 이해와 용서를 통해 당신의 마음을 치유하고 소중한 현재와 미래를 누려보자. 당신은 누구보다 소중하다.

상대의 감정을
상대의 진심으로 받지 마라

유명한 상담 대가인 교수님에게 상담대학원 학생들이 질문했다.

"교수님, 상담을 공부하신 후 달라지신 것이 무엇인가요?"

교수님은 잠시 망설이시다 이렇게 말했다.

"상담을 공부하기 전에는 왜 화나는지 모르고 화를 냈는데 이제는 왜 화가 났는지 알면서 화를 내."

제자들은 어떤 대답을 기대했을까? 나는 교수님의 대답에 공감이 됐다. 내가 그러기 때문이다. 상담 공부를 하기 전에는 상대의 잘못 때문에 화를 낸다고 생각했다. 다른 어떤 이유는 생각해보지도 않았다. 그러나 상담을 공부하면서 자기 성찰과 분석을 해보니 내가 화를 낼 때는 여러 가지 이유가 있었다.

똑같은 말을 들어도 상대와 상황에 따라 내 반응은 다르다. 화가 날 때도 있고 대수롭지 않게 여길 때도 있다. 똑같은 말인데도 말이다. 내가 어떻게 받아들이느냐가 중요한 것이다. 물론 당연히 화가 나게 하는 말과 상황도 있다. 화를 내지 않는 것이 무조건 좋은 것도 아니다. 성경을 보면 예수님도 분노할 상황에서 분노를 표현하셨다. 분노를 어떻게 표출하느냐가 중요하다.

알랭은 이렇게 말했다.

"우리의 일상생활에서 가장 조심해야 할 것은 사소한 감정을 어떻게 처리하느냐 하는 문제다. 사소한 일은 계속 발생하며, 그것이 도화선이 되어 큰 불행으로 발전하는 일이 적지 않기 때문이다."

알랭의 지적과 같이 우리는 일상에서의 사소한 감정을 잘 처리할 수 있어야 한다. 앞에서 말했듯이 우리의 선택은 이성보다 감정에 의해 좌우될 때가 많다. 감정이 행동을 만든다. 그래서 감정 처리는 정말 중요하다. 감정을 어떻게 처리하느냐가 그 사람의 성숙도를 보여준다. 그렇다고 감정을 억제하라는 것이 아니다. 억제된 감정은 어떤 식으로든 표출된다. 그것도 부정적으로.

지인 중에 상당한 실력을 갖춘 전문상담사가 있다. 그녀는 20년 이상 전문상담사로 활동하고 있다. 내가 상담을 공부하고 수련을 받을 때 종종 그녀에게 전화로 도움을 받았다. 내가 아무리 고민해도 해결되지 않았던 문제가 그녀와 전화통화 몇십 분 만에 해결된 적도 있다. 언젠가 그녀가 나에게 자신의 이야기를 한 적이 있다. 어느 날 퇴근하고 집에 들어갔는데 어머니가 와 계셨다고 한다. 어머니와 대화를 나누다가 짜증을 냈다고 한다. 자기 성찰을 해보니 내담자의 부정적인 감정이 자신에게 남아 있음을 깨닫게 되었다. 그날 그녀는 상담을 온종일 했었다. 그녀는 하루에 세 번 이상 상담을 하면 꼭 자기감정을 점검하고 다루는 시간을 가져야 한다고 했다.

실력 있는 전문상담사도 부정적인 감정에 몰입되면 거기서 빠져나오는 작업을 해야 한다. 그리고 자기감정을 적절하게 점검하고 다뤄야 한다. 상담사도 자신의 마음 챙김이 필요하다. 그렇지 않으면 부정적인 방식으로 감정이 표출될 수 있다.

특히 가족이나 가까운 사람에게 그런 잘못을 하게 된다. 자기 자신을 돌아보지 않으면 상대의 잘못 때문이라고 생각하게 된다. 그러나 정직하게 돌아보면 내 감정이 예민해져 상대의 작은 실수에 부정적인 감정을 표출할 때가 있다. 그것이 쌓이면 건강한 관계를 맺는 일은 요원해진다. 소중한 사람을 아프게 하거나 잃을 수도 있다.

우리 자신을 생각해보면 잘 알 수 있다. 어떤 문제로 힘들 때 평소와 달리 별 것 아닌 일로 짜증을 내거나 화를 내는 경우가 있다. 나도 그런 적이 있다. 특히 어머니에게 그럴 때가 있다. 어머니를 기쁘게 해주려고 만났는데 대화를 하다 별 것 아닌 일에 짜증을 낸다. 물론 자기 자신은 다 그럴 만한 이유가 있다고 생각한다. 사람은 자기 성찰을 하지 않으면 자동으로 자기합리화를 하게 된다.

나는 어떤 지인이 어머니에게 옷을 왜 그렇게 입고 다니냐며 과도하게 짜증을 내는 것도 봤다. 어머니가 사람을 대하는 태도, 말실수 등 이유는 수없이 많다. 과연 화를 낼 정도로 어머니가 잘못한 것일까? 짜증을 낼때 어머니에게 하는 말들이 다 진심일까? 그렇지 않을 것이다. 그러니 나를 돌아봐야 한다.

반대로 상대가 그럴 때 상대의 감정을 진심으로 받지 말아야 한다. 내게 소중한 사람이라면 상대의 감정을 진심으로 받지 않아야 좋은 관계를 유지할 수 있다. 시간이 지나 감정이 수그러들면 '나 전달법'으로 대화를 해보자. 나 전달법은 4장에서 구체적으로 다룰 것이다. 이때 필요한 것이 의사소통 기술이다. 좋은 게 좋은 것이 아니다. 건강하고 행복한 인간관계를 맺기 위해서는 문제에 직면하는 용기가 필요할 때가 있다. 그것이 소중한 사람에게 상처받지 않고 더 큰 불행으로 발전하지 않게 하는 비결이다.

상대가 소중한 사람이 아니라면 어떻게 해야 할까? 그렇다면 고민할 필요도 없다. 더욱 진심으로 받아들이지 말아야 한다. 상대의 부정적인 감정에 소중한 나를 망가뜨리지 말자. 타인에게 내 감정을 휘둘리지 말자. 중요하지 않은 사람 때문에 내 마음을 뺏기는 것만큼 안타까운 일이 없다. 내 감정의 주인은 나다. 또한, 시간은 금이다. 아까운 시간을 타인 때문에 아파하며 보내지 말자. 선택은 내가 하는 것이다.

누구에게도 휘둘리지 않고 내가 내 감정의 주인이 되려면 어떻게 해야 할까? 먼저 자기 자신에 대해 확고한 자기 정체감이 있어야 한다. 나는 성경 스바냐 3장 17절의 말씀으로 자기 정체감을 확립했다. 이 말씀이다. "너의 하나님 여호와가 너의 가운데에 계시니 그는 구원을 베푸실 전능자이시라. 그가 너로 말미암아 기쁨을 이기지 못하시며 너를 잠잠히 사랑하시며 너로 말미암아 즐거이 부르며 기뻐하시리라 하리라"

나는 하나님이 기뻐하시며 사랑하시는 존재이다. 하나님께서 나를 어느 정도로 사랑하시는지 나를 위해 당신의 독생자 아들까지 내어주셨다. 나는 놀라운 사랑을 받는 존재이다. 타인의 언행이 순간적으로 나의 마음을 상하게 할 수는 있지만, 그것이 나의 마음을 빼앗을 수는 없다. 상대의 언행에 따라 내 존재가 결정되지 않는다는 것을 알기 때문이다. 당신도 마찬가지다. 당신은 사랑스러운 존재이다. 당신의 자아 정체감을 분명히 하길 바란다. 그러면 타인의 언행에 당신의 마음이 휘둘리지 않을 것이다.

　내 감정의 주인이 되는 두 번째 방법은 감정 일기를 쓰는 것이다. 상담에서는 여러 가지 방법들을 제시한다. 아래는 실제로 내가 양육하고 있는 제자가 쓴 감정 일기다.

2022년 ○○월 ○○일 목요일		
10:00–19:40 회사	10시	업무 리스트를 보면서 할 수 있는 업무가 무엇이 있을까를 찾으려고 했다. 조금씩은 다 난해한 부분이 있을 것 같았다. 그래서 내키지 않는 마음이었다. 내키지 않음.
	14시	처음에는 어디를 중점적으로 처리했는지를 파악하기 어려웠다. '다를 게 없어 보이는데'라는 생각이 들어서 괜히 짜증이 났다. 짜증.
	15시	처리해야 할 항목 5가지 중에서 2가지 항목의 처리 방법을 파악했다. '이렇게 하면 되겠구나' 하면서 마치 좋은 일이 생긴 것처럼 기뻤다. 기쁨.
	16시	열심히 검색하고 찾아서 나머지 항목에 대해서도 처리하는 방법을 발견했다. 이제는 처리할 일만 남았다고 생각하니 내심 기대되었다. 기대감.
23:00–23:30 〈강훈비전연구소〉 카페 활동		〈강훈비전연구소〉에 감사 일기를 쓰고 다른 사람의 감사 일기를 보면서 좋은 것들을 생각하게 되니 감사한 마음이었다. 감사.

통합 감정	
짜증. 내키지 않음. 긴장.	
어디에서 생긴 감정	
새로운 업무에 대하여 가이드, 사례 등을 보고 있는데, 어디가 어떻게 되어 있는지 알아차리지 못했을 때.	불안했을 때(점수: 7.5/10) **업무 방법 파악이 어려울 때**
잘못된 생각	
이런 걸 어떻게 처리하라는 것인가 하는 생각.	불안하지 않았을 때 **업무를 처리해냈을 때**
성경적 사고	
나에게 할 수 있는 일이 주어졌다. 이제는 수동적이 아닌 주도적인 마음가짐으로 해야 할 때다.	
새로운 행동	
세심하게 관찰. 메모. 질문.	
새로운 감정	
침착. 만족.	

감정 일기를 쓴 제자는 자기감정에 대한 자각이 부족했다. 그래서 하루에 있었던 일들을 다 기록했다. 그는 감정 일기를 기록하면서 자기감정을 알아차리기 시작했다. 그리고 점차 자기감정의 주인이 되어 갔다.

감정 일기는 생각보다 큰 효과를 발휘한다.

인간의 감정은 하루에도 수십 번 변한다. 일상에서의 사소한 감정을 잘 처리해야 한다. 감정을 잘 처리하지 않으면 소중한 사람을 아프게 하거나 잃을 수도 있다. 반드시 기억하자. 당신도 때로는 순간적으로 부정적인 감정이 올라와 진심이 아닌 말을 할 때가 있다. 상대도 마찬가지다. 실력 있는 상담전문가도 자기감정을 제대로 다루지 못해 실수할 때가 있다. 그러니 상대의 감정을 진심으로 받아들이지 말자. 상대의 부정적인 감정 때문에 당신 자신을 망가뜨리지 말자. 당신이 당신 자신의 감정의 주인이 되도록 노력하자. 그러기 위해서 긍정적인 자기 정체감을 확립하자. 감정 일기를 써보자. 당신은 당신 자신의 감정의 주인이 되어야 한다.

인간관계에도
공부가 필요하다

대학교 때 친했던 A가 있다. A는 자기 학년에서 수석이었다. 장학금을 한 번도 놓치지 않았다. 공부를 좋아하고 또 열심히 했다. A는 항상 웃는 얼굴로 자신감에 차 있었다. 그런 A를 따르는 사람이 많았다. 그런데 이상하게도 A와 룸메이트를 하면 몇 개월 후 원수처럼 사이가 틀어졌다. 정말 친해서 룸메이트를 자처한 사람들이었는데 말이다. 긍정적이고 무엇이든지 열심인 A에게 무슨 일이 있었던 걸까?

나는 안타까운 마음에 A를 자세히 살펴봤다. 그러다 몇 가지 이유를 발견했다. 우선 A는 공감 능력이 떨어졌다. 어느 날 A의 동기들이 어떤 과목이 너무 어려워서 힘들다며 하소연했다. 그때 A가 말했다. "난 쉬운데!"

어느 날 학교 구내식당에서 배식을 받고 있었다. 내 동기 중 나이가 많았던 B가 내게 말했다. "훈이 너를 좋아하는 여자애들이 몇 명 있던데. 인기 많아서 좋겠어."

옆에서 듣던 A가 물었다. "왜요? 잘생겨서요?"

B가 대답했다. "응. 잘생겼기도 하고 안정적이라서 좋대."

A가 의아한 표정으로 말했다. "강훈 선배님이 안정적이라고요?"

밥 푸다가 주걱으로 머리를 맞은 기분이었다. 알고 보니 내가 군복무를 마쳐서 여학생들이 안정적으로 생각했던 것이었다. 동기 중에는 군대에 안 간 학생들이 대부분이었기 때문이다.

나는 학부 때 꽤 열정적이었다. 공부도 재밌었다. 하고 싶었던 신학 공부였기 때문이다. 그러나 나는 신학 공부만으로는 부족하다고 생각했다. 사람들을 더 잘 돕고 싶었다. 기회가 닿아 제자훈련을 받으며 타 대학교에서 캠퍼스 사역을 했다. 3학년 때는 다니던 대학교에 기독교 동아리를 만들었다. 제자훈련을 체계적으로 하는 동아리였다. A도 동아리에 참가해서 열정적으로 활동했다. 4학년이 됐을 때 3학년인 A에게 동아리 회장을 맡겼다. 그러나 소수의 인원이었기 때문에 나도 임원으로 도와야 했다. 회의에도 참여했다. 그러다 A가 관계에 어려움을 갖는 결정적인 이유를 알게 됐다. A는 회의 중에 누군가가 자신의 의견과 다른 의견을 말하면 부정적인 감정으로 반응했다. 그 의견이 좋든 나쁘든 상관없었다. 동아리가 만들어진 지 1년 조금 넘은 상황이었기 때문에 많은 아이디어가 필요했다. 그러나 누구도 회장인 A와 다른 의견을 말할 수가 없었다. 멤버들은 회의할 때마다 힘들어했다. 결국, A는 친했던 동기와 사이가 틀어져 동아리를 탈퇴하게 됐다.

A는 깊은 관계를 맺으면 문제가 생겼다. 학교 공부는 잘했지만, 인간관계 능력은 좋지 않았다. A에게 필요한 것은 인간관계에 관한 공부였다. 그렇다. 인간관계도 공부가 필요한 것이다. 물론, 타고난 것처럼 보이는 사람들도 있다. 그러나 알고 보면 그들도 누군가에게 인간관계를 배운 것이다. 인간관계를 잘하는 사람들은 대부분 부모도 인간관계를 잘한다는 것이 상담이론의 정설이다. 그들은 어릴 때부터 인간관계를 잘하는 부모에게 배운 것이다. 더군다나 인간관계를 잘하는 사람도 인간관계를 공부하면 더 잘할 수 있다. 하물며 인간관계가 어려운 사람들은 어떻겠는가? 인간관계가 어렵다면 반드시 공부해야 한다. 대화법도 공감 능력도 공부하면 충분히 잘할 수 있다.

내가 운영하는 과정에 지속적으로 참여하는 C가 있다. 내가 C를 처음 봤을 때 C는 손을 부들부들 떨 정도로 긴장했다. 대화를 나눌 때도 너무 긴장한 나머지 이상한 표정과 행동을 했다. 말도 심하게 더듬었다. 그런 C는 사람들과 친해지고 싶어했다. 그러나 어떻게 해야 할지 모르고 있었다. 내게 인간관계 훈련과 의사소통 훈련을 받으면서 배우고 연습했다. C는 점차 좋아졌다. 이제는 취직도 하고 새로운 환경에서도 곧잘 적응한다.

생각보다 인간관계에 어려움을 겪는 사람들이 많다. 그러나 인간관계를 공부해야 한다는 것을 모른다. C도 그랬다. 인간관계를 잘하고 싶은데 어떻게 해야 할지 몰랐다. 인간관계에 관련된 책을 읽으면 조금이라도 발전할 텐데 그러지 않았다. 내게 오기 전까지 아무것도 하지 않았다. 그저 사람들과 친해지고 싶다는 마음뿐이었다. 마음만 있고 방법을 모르니 인간관계에 대한 두려움만 커질 뿐이었다. 앞에서 말한 A도 마찬가지였다. 몇 년간 인간관계에 대한 상처로 고민했지만 정작 인간관계를 공부할 생각은 안 했다. 그러니 몇 년이라는 긴 시간 동안 인간관계에서 받은 상처로 고통을 받은 것이다. '무언가에 대해 진정으로 알기를 원한다면 전문가에게 물어보라'라는 격언이 있다. 인간관계도 마찬가지다. 인간관계 때문에 상처를 받고 고통스럽다면 인간관계에 관련된 전문가에게 물어보면 된다. 요즘은 좋은 상담센터도 많다. 나와 같이 '인간관계 훈

런' 과정을 운영하는 곳도 있다. 네이버 카페 〈강훈비전연구소〉를 검색
해보라. 당신에게 큰 도움이 될 것이다. 원하는 것을 얻기 위해서는 용기
와 실행이 필요하다.

그저 인간관계 경험을 많이 하는 것은 상처를 늘릴 뿐이다. 그렇다고
인간관계를 전혀 안 맺고 살 수도 없다. 인간관계 때문에 상처를 받아 마
음을 열지 않고 회피하는 사람들도 많다. 그 마음이 어떨지 이해가 된다.
그러나 회피는 결코 문제를 해결하지 못한다. 게다가 인간은 인간관계
에서 얻는 기쁨과 기회가 많다. 성공한 사람들은 대부분 좋은 협력자들
이 있었다. 나도 인간관계를 통해서 새로운 기회를 잡았고 또 잡아가고
있다. 모든 일 뒤에는 사람이 있다. 어떤 인간관계를 맺느냐는 삶의 질을
좌우한다. 상담학에서는 건강한 삶을 살기 위해서는 마음을 터놓을 수
있는 친구 다섯 명이 필요하다고 한다. 또한, 공통의 관심사를 가지고 교
류하는 친구는 열다섯 명 정도가 필요하다고 한다. 우리 모두는 좋은 인
간관계가 필요한 것이다.

요즘 결혼을 포기한 사람들이 많지만, 여전히 행복한 결혼생활을 꿈꾸
는 사람들도 많다. 그런데 결혼하면 당연히 행복할 것으로 생각하는 사
람들이 생각보다 많다. 현실은 그렇지 않다. 2021년 기준으로 우리나라

이혼율은 아시아 1위를 유지하고 있다. 4명이 결혼하면 2명이 이혼하고 있다. 내 주변에도 이혼한 사람들이 꽤 많다. 아내가 요즘 SNS에서 라이브 방송을 종종 한다. 아들과 함께 방송을 진행했더니 참여자 중 한 명이 혼자 키우시냐고 조심스럽게 묻더란다. 그만큼 이혼한 사람이 많다는 것이다.

40년간 결혼 상담을 한 게리 채프먼의 『5가지 사랑의 언어』는 '결혼 후 사랑이 사라진다?'라는 이야기로 시작한다. 비행기 안에서 게리 채프먼에게 결혼과 사랑에 관해서 묻는 사람의 이야기다. 그는 게리 채프먼에게 물었다.

"오랫동안 궁금하게 여기던 질문이 하나 있는데, 도대체 결혼 후에 사랑은 어떻게 되는 것입니까?"

자신은 세 번 결혼했는데 결혼한 후에는 사랑이 사라져버리곤 했다고 한다. 게리 채프먼은 책에서 사람들이 서로 다른 사랑의 언어를 사용한다고 강조한다. 배우자가 사용하는 사랑의 언어를 알고 사용해야 사랑을 지속할 수 있다고 한다.

실제로 결혼을 하고 나면 서로에 대한 심리적인 상태가 많이 변한다. 내가 아는 어떤 분은 결혼식이 끝나고 나서 남편의 작은 키가 보였다고 한다. 그녀는 남자를 볼 때 키를 많이 봤다고 한다. 그런데 연애할 때는 남편의 작은 키가 보이지 않았던 것이었다. 이것이 사랑의 힘일까? 부부

치료 학자들은 연애할 때와 신혼 시절에는 상대방 중심으로 바라보던 눈이 시간이 지나면서 나 중심으로 변한다고 한다. 내가 해주는 것보다 상대가 해주는 것이 더 많아야 공평하다고 느낀다고 한다. 자신의 그런 심리를 알아야 한다. 그리고 배우자의 헌신과 희생을 인지하고 고마워해야 한다. 결혼하면 오히려 서로를 위해 더 많이 노력해야 한다. 서로에 대해서 알기를 힘쓰고 서로가 원하는 사랑의 언어로 존중해야 한다. 누군가 아내를 '안의 해'로 표현했다. 아내가 기쁘고 행복해야만 가정이 밝아진다는 것이다. 아내만 그럴까? 남편도 마찬가지다. 부부가 행복할 때 그 가정은 밝아진다. 그때 건강하고 행복한 가정이 되는 것이다. 공부하고 노력하지 않으면 가장 소중한 사람에게 고통을 주고 자신 또한 고통을 받는다. 그러니 반드시 건강한 부부관계 방법에 관해서 공부해야 한다.

인간관계 능력은 저절로 좋아지지 않는다. 경험을 많이 한다고 좋아지는 것도 아니다. 공부하고 실천하지 않으면 오히려 상처만 많아질 뿐이다. 많은 사람이 인간관계가 어렵다고 하면서 인간관계를 공부하지 않는다. 인간관계 때문에 힘들다고 하면서도 공부하지는 않는다. 그저 거리 두기를 하며 회피하면서 인간관계의 폭을 스스로 좁힌다. 나도 그랬다. 나와 성향이 다른 사람은 애초에 이해하려고 하지 않았다. 거리를 두었다. 그러나 인간관계를 공부하고 인간관계가 놀랍게 좋아졌다. 인간관계의 폭이 넓어졌다. 나와 성향이 다른 사람과 좋은 인간관계를 할 때 그동안 생각해보지 못한 것들을 배웠다. 사람은 누구나 개성이 있다. 또한, 생각도 다르다. 나와 비슷한 사람과만 관계하면 생각의 폭에 한계가 있을 수밖에 없다. 그러나 인간관계를 공부하면 더 다양한 사람들을 통해 배우고 얻는 것이 많다. 그러니 인간관계는 반드시 공부해야 한다. 당신의 삶의 폭이 놀랍게 넓어질 것이다. 그에 따라 당신에게 주어지는 행복과 기회는 더 많아질 것이다. 인간관계에도 공부가 필요하다.

04

관계에 대한
나만의 철학을 가져라

T는 일란성 쌍둥이 아들들이 있다. 처음 그 쌍둥이를 봤을 때는 전혀 구분이 안 됐다. 그러나 자주 보니 점점 구분할 수 있게 됐다. 그 아이들을 만난 지 3년 정도 지났을 때는 확연하게 구분이 됐다. 자주 봐서가 아니라 누가 봐도 구분할 수 있을 정도였다. 3년 동안 그 아이들에게 무슨 일이 있었던 걸까?

그 아이들을 보며 나는 개인심리학의 창시자 알프레드 아들러가 한 말이 이해가 됐다. 쌍둥이인데도 출생순위가 있고 가족 내 위치가 달랐던 것이다. 그에 따라 쌍둥이들 각자가 세상과 상호작용을 하는 방식에 차이가 났다. 쌍둥이들의 엄마인 T는 쌍둥이 아들을 대할 때 묘하게 차이가 있었다. 그래서인지 쌍둥이들의 태도와 언행도 달랐다. 한 아이는 밝고 자신감 있게 행동했다. 다른 아이는 상당히 소심했다. 식사하는 방식도 달랐다. 하루가 다르게 자라던 때라 발달상태도 점점 차이가 났다. 심리적인 상태가 표정의 변화로 이어졌고 발달상태까지 다르게 한 것이다.

상담을 공부하기 전에는 형제자매들의 성격이 다른 것이 이해가 되지 않았다. '왜 같은 엄마에게서 태어났고 같은 환경에서 자랐는데 성격이 다를까?'라는 의문이 있었다. 그러나 상담을 공부하면서 그러한 것이 당연하다는 사실을 깨달았다. 부모가 자녀들을 대하는 태도가 다르고 자녀 또한 받아들이는 것이 다르기 때문이다. 게다가 부모도 나이를 먹으면서 변한다. 환경도 달라진다. 각각의 자녀는 학교나 학원에서 만나는 사람들도 다르다. 더군다나 동일한 사건을 겪어도 각자의 심리적 상태와 관점에 따라 받아들이는 수준이 다르다. 인간관계에서도 마찬가지다. 같은 사건을 겪어도 어떤 사람은 더 상처를 잘 받고 어떤 사람은 별 영향을 안 받는다. 그 차이는 생각보다 크다. 거기서 인간관계의 질이 좌우된다.

H는 인간관계에 상처가 많아 내게 상담을 요청했다. 친구에게 자꾸 휘둘리는 것이다. H의 친구는 자신만의 생각이 강하고 직설적이다. 그뿐만

아니라 H의 일에 사사건건 간섭하고 조언을 한다. 심지어 H의 남자친구에 대한 비난도 서슴지 않는다. H는 친구의 말에 큰 영향을 받는다. H의 말이 불편하면서도 확신에 찬 말이 맞는 것처럼 들린단다. 이 정도면 H의 고민은 당연한 것처럼 보인다. 누구라도 H의 친구 정도라면 영향을 받을 것이다. 특히 부정적인 말에는 더 그렇다. 부정적인 말의 전염성은 어마어마하다. 이상하게도 사람들은 부정적인 말에는 금방 영향을 받는다. 그러나 H를 상담해보니 그 친구뿐만 아니라 타인의 말에 영향을 많이 받았다. 또한, 상대의 의견과 자기의 생각이 다를 때 자신의 말을 명확히 하는 것을 힘들어했다. 자기 존중감이 현저히 낮았다. 게다가 H의 어머니는 그 친구와 성향이 비슷했다. H의 어머니는 자신의 방이 아닌 H의 방에서 많은 시간을 지냈다. 그리고 딸에게 계속해서 간섭한다. H는 성인이 되어서도 자기만의 공간이 없었던 것이다. H는 이제 변하고 싶었다. 자기만의 생각과 판단으로 살고 싶어 했다.

H와 같은 사람은 어떻게 해야 할까? 물론 전문적인 상담 기법을 통해 근본적인 문제들을 다뤄야 할 것이다. 그러나 지금 여기에서 할 수 있는 것은 무엇일까? 가장 먼저 자신이 진정으로 원하는 것들이 무엇인지 알아차려야 한다. 그다음에는 관계에 대한 자신만의 철학을 확고히 해야한다. 그럴 때 건강하고 안정적인 관계의 경계선을 둘 수 있다. 그다음에

대화법을 통해 상대에게 자신이 원하는 것을 표현하고 거절할 것은 명확하게 할 수 있다.

철학이라고 하니 왠지 거창하다. 겁먹을 필요 없다. 철학은 자신의 경험에서 얻은 인생관 내지는 세계관 또는 신조를 의미하기도 한다. 관계에 적용한다면 관계에 대한 자기 자신만의 세계관 또는 신조라고 보면 된다. 쉽게 말하면 관계에 대한 자기 자신만의 기준을 잡으면 된다. 관계에 대한 자기만의 철학을 가지면 다른 사람에게 휘둘리지 않게 된다. 타인에게 받는 상처도 줄일 수 있다. 그 기준에서 상황에 맞게 유연성까지 갖춘다면 당신의 인간관계는 훨씬 수월해질 것이다. 그리고 상대의 관점이나 생각을 인정하고 존중하면 된다.

관계에 대한 나의 철학은 이렇다.

첫째, 나는 내 마음을 지키는 것이 가장 중요하다. 성경 잠언 4장 23절에는 이렇게 말씀한다. "모든 지킬 만한 것 중에 더욱 네 마음을 지키라. 생명의 근원이 이에서 남이니라"

마음을 지키는 것은 생명을 지키는 것과 같다. 여기서 지킨다는 것은 악한 것을 피하는 소극적인 것이 아니다. 적극적으로 싸워서 이기는 것을 의미한다. 내가 살기 위해 싸워야 하는 것이다. 최근에 나는 마음을 지키지 못해서 생명력을 잃었던 때가 있었다. 교회를 개척하고 어려운 시기를 몇 년간 겪은 것이다. 내가 할 수 있는 것을 다 해봤지만, 결과가 없었다. 그때 나는 우울감과 무기력증으로 생명력을 잃어갔다. 그야말로 아무것도 하고 싶은 않은 마음이었다. 물론 인간관계에 관한 것은 아니다. 그러나 얼마나 많은 사람이 이별이나 이혼으로 생명력을 잃는지 모른다. 인간관계에 상처가 쌓여 더 이상 사람들과 관계하지 않으려고 피하는 것도 마찬가지다.

그래서 나는 내 마음을 지키는 것을 가장 중요시한다. 자기 존중감을 높이기 위해 할 수 있는 일은 무엇이든 다 했다. 자기 자신과의 관계에 관한 것은 뒤에서 더 구체적으로 다루겠다. 하나만 기억하자. 당신은 사랑스러운 존재다. 사랑받아 마땅한 존재다. 당신이 가진 장점은 정말 많다. 그것을 생각과 마음에 새기고 당신의 마음을 지켜내자. 나는 나를 지키는 것을 첫 번째 철학으로 삼은 이후로 상대의 말에 큰 의미를 두지 않는다. 배울 건 배우고 무시할 건 무시한다. 그러기 위해 상대의 언행에 대해 생각해본다. 내게 도움 되는 것이 아니라면 마음을 쓰지 않는다. 그리고 기분이 나쁠 때는 그 이유가 무엇인지 곰곰이 생각해본다.

둘째, 나는 모든 사람이 나를 좋아할 수는 없다는 사실을 인정한다. 사실 나는 인정받고 싶은 욕구가 많았다. 대학교에 다닐 때는 장학금을 받아야만 했다. 전임 목회자로 사역할 때는 설교한 이후에 누군가에게 칭찬을 받아야 했다. 사람들에게 인정받고 싶은 마음이 컸던 것이다. 덕분에 열심히 노력해서 실력은 늘었다. 그러나 때때로 스트레스와 공허함으로 힘들었다. 또한, 모두에게 좋은 사람이 되고 싶었다. 그래서 내가 원하는 것보다 상대의 감정 상태를 살펴볼 때가 많았다. 부당한 일을 당해도 적절히 대처하지 못할 때도 있었다. 지금도 그럴 때가 있다. 그럴 때 모든 사람이 나를 좋아할 수는 없다는 사실을 떠올린다. 그리고 잘못된 것이 아니라면 과감하게 마음을 비우고 내려놓는다. 그 결과 마음이 자유로워졌고 인간관계도 훨씬 행복해졌다.

셋째, 말하지 않으면 알 수 없다는 사실을 기억하고 적절하게 표현한다. 어제 방송 채널, TV조선에서 방영하는 〈국민가수〉를 봤다. 요즘 아내와 유일하게 시청하는 TV 프로그램이다. 거기에 방청객들이 가수들에게 사연을 보내고 노래를 신청하는 내용이 나왔다. 신청곡은 가수 인순이의 〈아버지〉와 그룹 GOD의 〈어머니〉였다. 가사는 이렇다.

제발 내 얘길 들어주세요
시간이 필요해요
서로 사랑을 하고 서로 미워도 하고
누구보다 아껴주던 그대가 보고 싶다

가슴속 깊은 곳에 담아두기만 했던

그래 내가 사랑했었다

GOD의 〈어머니〉라는 곡도 '난 당신을 사랑했어요. 한 번도 말을 못 했지만'이라는 가사가 나온다. 방청객뿐만 아니라 노래를 부르는 가수들도 주체할 수 없을 정도로 눈물을 흘렸다. 사랑하는 부모님에게 사랑한다는 말을 못 한 것이 큰 공감을 일으켰으리라. 사랑은 표현해야 한다. 게다가 말하지 않으면 상대는 알 수 없다. 모두 내 마음 같지 않다. 내가 원하는 것이 무엇인지 용기를 내 기술적으로 말할 수 있어야 한다. 그럴 때 소중한 관계를 지킬 수 있고, 부정적인 관계는 정리하거나 회복할 수 있다.

그 외에도 관계에 대한 나 자신만의 철학은 몇 가지가 더 있다. '사람은 누구나 한계가 있다는 사실을 인정한다.', '소중한 사람에게는 최선을 다한다.', 내 인생 목표인 '다른 사람을 돕는다.' 등이다.

이 세상에는 다양한 사람들이 살고 있다. '백인백색(百人百色)'이란 말이 있듯이, 외모뿐만 아니라 성격이 다 다르다. 심지어 일란성 쌍둥이도 다르다. 동일한 상황에서도 사람마다 생각하고 행동하는 방식은 다를 때가 많다. 같은 사건을 겪어도 그에 따른 반응은 다 다르다. 나와 다른 상대의 언행이나 반응에 휘둘리지 않고 상처받지 않으려면 내 마음을 지켜야 한다. 그러려면 관계에 대한 확고한 나만의 철학이 있어야 한다. 관계에 대한 나 자신만의 철학이 구체적이고 명확할수록 나답고 건강하게 살아갈 수 있다. 생각이 운명을 바꾼다는 말처럼 철학은 자신만의 생각의 기준을 잡아주기 때문이다. 상대가 나를 이해해주지 않아도 괜찮다. 모두가 나를 사랑할 수는 없다는 사실을 기억하자. 또한, 내 마음이나 생각을 말하지 않으면 상대는 알 수 없다는 사실을 기억하자.

알프레드 아들러의 말을 기억하자.

"행복해지려면 미움받을 용기도 있어야 한다. 그런 용기가 생겼을 때 인간관계는 한순간에 달라진다."

당신은 행복해야 할 사람이다. 관계에 대한 당신만의 철학으로 행복한 인간관계를 맺어가자.

05

과거의 경험에서
깨달아라

내가 그때 널 잡았더라면 너와 나 지금보다 행복했을까?

마지막에 널 안아줬다면 어땠을까?

가수 싸이(PSY)의 〈어땠을까?〉라는 노래에 나오는 가사이다. 가사를 보면 공감될 때가 많다. 가을 저녁 이어폰을 귀에 꽂고 이런 노래를 듣고 있으면 지나간 옛 추억이 떠오른다. 공교롭게도 '어땠을까?'란 제목의 노래가 꽤 많다. 나뿐만 아니라 많은 사람이 공감하는 것이리라. 연인과의 추억뿐만 아니라 인간관계에서도 후회되는 일은 참 많다. '그때 이 말을 꼭 했어야만 했는데' 또는 '그때 이렇게 했어야만 했는데'라는 말들 말이다.

경제적인 것에서도 그렇다. 내가 최근에 가장 후회되는 것은 경기도 하남으로 이사 올 때 아파트를 매매하지 못한 것이다. 5년 6개월이 지난 현재 3억이 넘게 올랐다. 두 배가 오른 것이다. 그때 그 아파트를 샀더라면. 그때는 부동산이나 경제에 관련해서 정말 무지했다. 또한, 대출받는 것이 불편했다. 역시 지식과 실행력이 성공의 비결이다. 그러나 이미 지나간 일을 후회해봐야 속만 쓰릴 뿐이다. 지금 여기에서의 삶이 중요하다. 현재에 충실하고 미래를 준비하는 것이 행복한 삶을 사는 비결 중 하나이다.

반대로 지난 일을 말하면 무조건 "지난 일은 됐고."라며 말을 끊는 사람도 있다. 지난 일은 말할 필요가 없다는 것이다. 무조건 긍정적이어야 한다는 이유이다. 그 또한 대안이 아니다. "역사를 잊은 민족에게 미래는 없다"라는 말이 있다. 지난날을 돌아보지 않으면 발전할 수 없다. 공부를 잘하는 학생들은 오답 노트를 만든다. 같은 실수를 반복하지 않으려는 것이다. 묘하게도 사람은 실수한 것에서 다시 실수한다. 또한, 틀렸던 부분을 공부하면 생각보다 실력이 많이 성장한다. 성공한 사람들은 실패에서 교훈을 얻는다. 무엇이 잘못됐는지 냉철하게 과거를 분석하고 대안을 찾는다. 바둑에서는 복기를 한다. 복기란 한번 두고 난 바둑의 판국을 비평하기 위해 두었던 대로 다시 처음부터 놓아보는 것이다. 바둑의 대가들은 반드시 복기를 한다. 상담사도 복기와 비슷한 훈련을 한다. 주기적으로 상담 과정을 발표한다. 다른 상담사들과 질의응답을 통해 상담 과정을 복기한다. 더 나아가 수퍼바이저를 통해 코치를 받는다. 이를 사례 발표라고 한다. 그런 과정을 통해 계속해서 상담 실력을 성장시키는 것이다.

무엇보다 적절히 다루지 않은 감정은 그냥 사라지지 않는다. 어떤 식으로든 표출되기 마련이다. 본인은 잊어버렸다고 생각할 수도 있다. 그러나 비슷한 상황이 오거나 비슷한 이미지가 느껴지면 건강하지 못한 방식으로 표출된다. 감정이 만져지고 애도가 필요한 일도 있는 것이다. 무엇이든지 균형이 중요하다.

앞에서 말한 H는 친구의 간섭과 남자친구 문제까지 개입하는 문제로 힘들어했다. 나는 질문을 통해 H와 친구의 관계 패턴이 어떤지 탐색했다. 그리고 H가 친구와의 관계를 돌아보며 친구에게 무엇을 원하는지 물었다. H는 친구의 과도한 간섭을 원하지 않았다. 나는 H의 마음에 공감했다. 단지 공감만 했을 뿐인데 H는 스스로 대안을 찾는 힘을 얻었다. 이

것이 공감의 놀라운 힘이다. 감정은 다뤄져야 한다. 몇 회기의 상담이 진행된 후 H는 친구에게 자신이 원하는 것을 적절하게 표현했다. H는 과거 경험을 분석해 깨닫고 인간관계 능력이 향상된 것이다. 나는 H의 행동에 지지와 칭찬을 했다. 그로 인해 H는 더 자신감을 가질 수 있었다.

아내와 나는 결혼예비학교에서 어린 시절 부모에게 받은 상처를 다뤘다.

아래는 심수명 교수의 『이마고 부부치료 워크북 부부심리 이해』라는 책의 과제이다. 각자가 어린 시절 부모에게 상처받았던 사건을 기록하고 그에 따른 감정과 반응양식을 기록하는 것이다.

나의 상처

사건	감정	반응양식
아버지의 편애 : 형과 싸웠는데 형 편만 들었다.	분노, 미움, 복수하고자 하는 마음, 버려진 느낌	울음, 따짐(더 혼남)
아버지가 나를 형과 비교함	좌절감, 낙심, 열등감 생김	아무렇지 않은 듯 밖에 나가서 놀았음
아버지에게 어떤 의견을 말했을 때 무시, 인격적 모독(조그마한 놈이)	분노, 억울함, 수치심	대들다가 더 혼남(나도 마음으로 아버지를 무시함)

배우자의 상처

사건	감정	반응양식
성적표 중상위권으로 나왔는데 엄마가 '너는 꼴등이다'라고 함	좌절, 분노, 엄마가 보기 싫고 살고 싶지 않았음	반항, 공부하라고 하면 안 함. 속이 상해서 울고 엄마랑 말도 하지 않음
엄마가 너무 깔끔하심. 별것도 아닌 것을 뭐라고 하심	짜증, 뭘 또 꼬투리 잡으려고. 칭찬해도 언제 변할지 모른다고 생각함	미리 청소, 또는 아예 더럽게 함(반항)
하고 싶은 것이 있었는데 엄마가 못하게 하심	거절당하는 느낌, 자존감 떨어짐, (꿈에 대한) 두려움	몰래 꿈을 이루기 위해 시도함. 엄마를 매일 조름

이 내용을 토대로 우리는 상담사와 함께 분석했다. 이를 통해 서로의 핵심감정과 패턴을 명료화할 수 있었다. 각자의 책에는 자기 것이 아닌 배우자의 상처와 감정, 그리고 반응양식을 기록하게 했다. 배우자의 상처와 그에 따른 감정과 반응양식을 이해하기 위한 것이다. 아내는 "엄마가 날 안 좋아하나?"라는 알레르기와 같은 증상이 있었다. 또한, 엄마와 좋은 관계를 맺고 싶은데 밑 마음에는 '엄마랑 좋은 관계를 맺지 못하겠구나'라는 포기하는 마음이 있었다. 아내의 반응양식은 주로 반항이었다. 지금까지 아내와 8년을 지내면서 문제가 발생했을 때 반항으로 반응할 때가 많았다.

나는 아버지의 형에 대한 편애와 비교, 그리고 형을 무시할 수 없는 데서 느끼는 무기력감이 있었다. 그래서 더 분했다. 또한, 인정받고 싶은 마음과 열등감이 있었다. 그런 내 밑 마음은 오기와 고집, 승부욕으로 나타난다. 그러면서도 어느 순간 형 앞에서는 억압했다. 힘에 눌리는 느낌이 있었던 것이다. 실제로 나는 인정받고 싶어 하는 마음과 승부욕이 강하다. 그런데 문제가 해결되지 않으면 어느 순간 무기력감이 나타나기도 한다. 그래서 상담대학원에서 셀프 상담 과제를 할 때 무기력감을 주제로 다뤘다. 그때 열등감이 드러났고 과거의 성공 경험을 객관적으로 분석하면서 무기력감을 극복했었다. 아내는 나의 이런 마음들을 알고 있다. 그래서 나의 반응을 이해하고 인정과 지지로 마음을 풀어줄 때가 많다. 서로의 과거의 경험에서 깨닫고 다툼을 최소화한다. 그뿐만 아니라 다퉜을 때도 해결할 수 있는 방법을 배우고 활용하고 있다.

어떤 사람은 지나버린 과거는 묻어두라고 한다. 어떤 사람은 아픈 과거를 들춰내면 고통스러울 뿐이라고 한다. 어떤 사람은 "괜찮아. 별거 아니야. 그럴 수도 있지."를 강요한다. 그러나 객관화하지 않은 위로는 회피일 뿐이다. 자기 자신이 납득할 수 있어야 한다. 작은 상처는 자연적으로 치유되기도 하지만 반드시 제대로 치료해야 하는 상처도 있다. 그러지 않으면 감당할 수 없는 큰 병이 된다.

상담이론 대부분은 과거를 다룬다. 나도 처음 상담을 공부할 때는 어린 시절의 아픈 경험을 생각해내서 분석하는 것이 불편했다. 그런데 왜 과거를 다룰까? 과거를 다루지 않으면 오히려 과거에 매이게 되기 때문이다. 해결되지 않은 과거는 지금 현재의 관계에서도 반복된다. 해결방법을 모르기 때문이다. 나는 과거를 분석하면서 나를 이해할 수 있었다. 그때 상처로 울고 있는 내 안의 어린아이를 달래고 위로할 수 있었다. 그리고 문제를 객관화하고 해결책을 찾을 수 있었다. 그럴 때 진정한 의미에서 과거의 상처가 치유됐다. 잘못된 인간관계 패턴을 수정할 수 있었다. 과거에서 벗어나 자유로워지고 성장한 것이다. 상담에서 과거를 다루는 이유는 상처를 치유하고 성장하기 위한 것이다. 과거를 분석해 상처를 치유할 때 과거에 매이지 않고 지금 여기에서 행복해진다. 그뿐만 아니라 발전된 미래를 살아갈 수 있는 힘과 능력을 갖추게 된다. 상담을 통해 과거의 경험을 건강하게 재해석할 수 있게 된다. 그럴 때 진정으로 나답게 살 수 있는 것이다.

때로는 변화하기 위해서 과거를 직면하는 용기가 필요하다. 과거를 후회하라는 말이 아니다. 과거를 통해 배우고 성장하라는 것이다. 먼저 과거의 경험을 객관적으로 분석하라. 그리고 그때의 내 감정을 이해하고 적절하게 표출하라. 과거에 일어났던 일을 적어보라. 당신에게 상처를 준 사람에게 편지를 써보라. 물론 상대에게 보내지는 마라. 그때 당신의 부정적인 감정은 해소되고 지금까지도 왜 아픈지 이해하게 될 것이다. 당신의 부정적인 감정을 해소하면 상처가 치유되고 생산적인 대안이 떠오를 것이다. 그리고 의도적으로 긍정적인 요소를 찾아보라. 모든 것에는 장단점이 있기 마련이다. 그러면 당신은 과거의 경험에서 교훈을 얻을 것이다. 인간관계에서도 동일하게 적용하면 된다. 과거의 경험에서 깨닫자. 과거의 경험에서 긍정적인 요소를 찾고 대안을 마련하자. 그러면 당신의 모든 경험은 당신을 성장하게 하는 최고의 자산이 될 것이다.

06

먼저 나에게
좋은 사람이 되어라

30대 초반인 여성 J의 이야기다. J는 친밀한 인간관계가 힘들어 내게 상담을 요청했다. 상담 중에 J는 타인을 신뢰하지 않는다고 했다. J는 지인들이 자신에게 칭찬해도 믿어지지 않는다고 했다. 그 사람들은 그저 모두에게 칭찬을 남발한다고 생각한다. 그래서 나는 사람들이 어떻게 하면 믿어지겠느냐고 물었다. J는 진심이 느껴지면 믿어질 것이라고 했다. 그러나 J는 남자친구가 사랑한다는 말을 해도 믿어지지 않는다고 했다. 그래서 남자친구에게 "왜 나를 사랑하느냐?"라고 여러 번 물었다고 한다. 남자친구는 J에게 사랑하는 여러 가지 이유를 설명해야 했다. 그것도 여러 번 반복해서.

결국, J에게 필요한 것은 자기 신뢰였다. 자신의 내면의 소리가 타인의 칭찬과 사랑을 가로막고 있었다. 자기 자신을 스스로 괴롭히고 있었던 것이다. 자기 자신을 신뢰해야 한다. 그리고 자기 존중감을 높여야 한다. 자기 존중감을 높이려면 나 자신의 자기 존중감에 대해 탐구해야 한다. 먼저 자신의 능력을 파악해야 한다. 자신의 내면의 소리를 들어보라. 부정적인 내면의 소리가 있다면 그것을 기록해보자. 그것의 사실 여부를 객관적으로 확인하자. 자신의 못난 모습이 있어도 괜찮다. 누구나 단점과 장점이 있다는 사실을 기억하자.

어떤 인디언 추장이 어느 날 어린아이들의 마음속에도 그들 나름대로 고민과 갈등이 있는 것을 봤다. 그 아이들의 고민을 보고 이렇게 말했다.

"사람들의 마음속에는 언제나 늑대 두 마리가 있단다. 그런데 그중 한 마리는 아주 악한 늑대로서 화를 잘 내고 질투하고 시기하고 거만하고 거짓말하고 교만한 아주 못된 놈이란다. 다른 한 마리는 늘 평안하고 사랑이 많고 소망을 주고 인내하고 온유하고 겸손하고 복스러운 놈이란다. 이 두 마리가 항상 싸운단다."

추장의 말에 아이들이 동의했다. "그래요. 내 마음에도 늑대가 두 마리 있어요."

그중에 한 아이가 물었다. "추장님의 마음속에도 늑대가 있나요?"

추장은 대답했다. "그럼 내 마음속에도 늑대가 두 마리 있지."

그 아이는 호기심 가득한 눈으로 다시 물었다. "두 마리가 싸워서 누가 이겼나요?"

추장은 빙그레 웃으면서 대답했다. "내가 먹이를 주는 놈이 이겼지."

당신은 어떤 늑대에게 먹이를 주고 있는가? 그러나 단점도 생각에 따라 장점으로 승화시킬 수 있다. 알프레드 아들러는 인간은 필연적으로 열등감 또는 부적절감을 가질 수밖에 없다고 했다. 그러나 열등감이 행동 동기를 부여하는 추진력이며 모든 노력의 원천이라고 한다. 오히려 인간의 성장과 진보는 열등감을 보상하려는 시도의 결과라는 것이다.

리더십의 대가 존 맥스웰은 자신의 저서 『당신 안에 잠재된 리더십을 키우라』에서 이렇게 말했다.

"독수리가 빠른 속도로 평형성을 유지하며 안정감 있게 날기 위해서는 한 가지 장애물을 극복해야 한다. 그 장애물은 다름 아닌 공기이다. (공기가 거의 없는) 진공 상태에서는 한발 앞으로 나아가기 전에 즉시 땅에 떨어져버리고 만다. 비행하는 데 방해가 되는 바로 그 요소가 동시에 비행할 수 있는 조건을 제공한다. 장애물은 인생에 성공의 조건이 된다."

정말 아이러니하지 않은가? 장애물이 때로는 내게 큰 도움이 되기도 한다. 실제로 나는 형과의 비교로부터 온 열등감이 장점이 됐다. 형은 예체능에 타고났다. 어릴 때부터 남달랐다. 게다가 아버지의 편애가 있었다. 형을 보면 나는 잘하는 게 하나도 없는 것처럼 느껴졌다. 그래서 내가 부정적일 때는 아무것도 할 수 없을 것 같은 무기력감이 있었다. 그러나 긍정적일 때는 무언가를 시작하면 꾸준히 했다. 형처럼 재능이 없으니 꾸준히 했던 것이다. 발전 속도는 느렸지만 결국 좋은 성과를 냈다. 열등감이 내게 끈기라는 장점을 만들었다. 그러니 무엇보다 자기 자신의 능력을 과소평가하지 않는 것이 중요하다. 긍정적인 생각으로 실행하면 당신의 단점도 장점이 될 수 있다. 부정적인 생각을 긍정적으로 바꾸고 실행력을 높이면 인생이 달라진다.

내가 교회에서 청년부 전도사를 담당했을 때 일이다. 한 권사님이 나를 찾아오셨다. 자신의 딸이 학교를 자퇴하고 방에서만 지낸 지 3년이나 됐단다. 집에서도 자기 방 밖으로 나오지 않는단다. 권사님은 딸을 위해 나름대로 할 수 있는 것을 다해봤지만 도무지 변화가 없다며 눈물을 흘렸다. 그 마음이 얼마나 속상하고 고통스러웠을까? 딸을 걱정하는 마음과 아픔이 그대로 느껴져 안타까웠다.

그러던 어느 날 교회에 못 보던 청년이 보였다. 알고 보니 그 권사님이 말했던 딸이었다. 나는 너무나 기쁜 나머지 소리를 지를 뻔했다. 그리고 조심스럽게 미소를 띤 채 그 청년에게 다가갔다. 한편으로는 걱정되기도 했다. '몇 년 만에 자기만의 성에서 나왔는데 낯선 사람이 인사하는 게 불편하지는 않을까?'라는 생각이 들었다. 다행히 그 청년은 내 인사에 정중하게 답변했다. 그 청년은 큰 각오를 하고 교회에 왔던 것이다.

이후 그 청년과 일대일로 간단한 성경공부를 하며 친분을 쌓았다. 성경공부의 주제는 우리 각자가 얼마나 소중하고 사랑받는 존재인지를 알려주는 말씀이었다. 하나님께서 함께하시고 지켜주신다는 약속의 말씀을 주로 다뤘다. 청년은 점차로 마음을 열었고 밝아지기 시작했다. 그리고 내게 자신의 이야기를 했다.

청년은 고등학교를 입학하고 같은 반 학생들에게 왕따를 당했다고 한다. 고등학생이 된 것도 적응하기 쉽지 않았지만 같은 반 학생들의 괴롭힘은 견딜 수 없었단다. 그때 '이 세상에는 좋은 사람이 없는 걸까?'라는 생각이 들었다고 한다. 청년은 그 사건으로 사람에 대한 불신과 두려움으로 가득해졌다고 한다. 그래서 가족들조차 대면하기 힘들었다고 한다.

청년은 어느 정도 마음의 힘을 얻자 교회 봉사를 열심히 하려고 했다. 기특했지만 걱정스러워 말리고 싶었다. 청년은 지금 어떤 활동을 하기보다 자신의 마음을 챙기는 일이 더 중요해 보였기 때문이다. 그러나 청년은 봉사하고자 하는 의지가 분명했다. 그렇게 몇 달이 흐른 어느 날부터 그 청년은 다시 보이지 않았다. 지금 생각해도 정말 마음이 아프다. '그때 내가 상담을 공부했었더라면 더 적절하게 도와줬을 텐데'라는 후회가 된다.

우리는 때때로 사람과의 관계 때문에 상처를 받는다. 받은 상처가 크거나 잦을 때 더 이상 사람들을 만나는 것조차 싫어하게 되기도 한다. 그래서 마음을 닫고 경계한다. 그것은 또 다른 고통이다. 그러면 점점 좋은 사람을 만나는 일이 어렵게만 생각된다. 악순환이 반복되는 것이다. 관계의 상처는 관계로 치유된다는 말이 있다. 그러나 좋은 관계를 맺을 사람을 찾기만 한다면 그 자체가 스트레스가 된다. 방법은 나 자신이 나에게 좋은 사람이 되는 것이다.

당신이 좋아하는 사람은 어떤 사람인가? 다른 사람이 당신에게 어떻게 해주기를 바라는가? 또한, 당신의 사랑하는 친구가 힘들어할 때 뭐라고 말해주는가? 지금 곰곰이 생각해보고 하나하나 기록해보자. 그리고 그것을 당신 자신에게 적용해보자. 나는 나의 마음을 알아주고 인정해주는 사람을 좋아한다. 그리고 나에게 구체적으로 칭찬해주는 사람을 좋아한다. 그래서 잠자기 전에 나 자신을 인정하고 구체적으로 칭찬한다. 그러면 행복해진다. 억울하고 분했던 일들도 스스로 공감해주면 마음이 풀린다.

안셀름 그륀은 이렇게 말했다.

"다른 사람들이 성취한 것을 인정하라. 사람은 누구나 진심으로 인정받기를 원한다. 칭찬을 받으면 기쁨이 솟아나고 가슴속에 꽃이 피어난다. 칭찬은 그야말로 하나의 예술이다. 칭찬을 함으로써 당신은 세상을 또 다른 빛으로 볼 수 있다. 당신의 영혼이 살아 있도록 해주는 것도 칭찬이다."

이렇게 칭찬의 힘은 엄청나다. 타인을 칭찬할 뿐만 아니라 당신 자신에게도 구체적으로 칭찬해보자. 당신의 영혼이 살아나는 놀라운 경험을 하게 될 것이다.

당신 자신에게 먼저 좋은 사람이 되자. 먼저 당신 자신에게 친밀하게 대하자. 저녁마다 당신 자신에게 '셀프 톡'을 하는 것이다. '오늘 정말 수고 많았어.'라고 다정스럽게 말해보자. 힘든 일이 있었다면 '어떻게 여기까지 왔냐', '어떻게 힘든 상황을 견뎌냈냐?'라고 말해보자. 자신의 마음을 곰곰이 생각해보고 공감해주자. 다른 사람이 당신에게 해줬으면 하는 말들을 당신 자신에게 하는 것이다. 당신이 할 수 있는 최대한의 사랑스러운 표정과 말투로 말이다. 또한, 당신 자신의 못난 모습이 있어도 괜찮다. 당신의 못난 모습 그대로도 이해해주고 위로해주는 친구처럼 대하자. "그래도 괜찮아.", "그럴 수도 있지.", "그런 모습도 인간적으로 보이고 사랑스러운 걸!", "누구나 연약한 면은 있어. 나는 너의 그런 면도 이해해." 등의 말과 같이 당신이 사랑하는 친구에게 위로해주듯 말해보자. 그러면 당신은 최고의 친구를 얻을 것이다. 당신이 어떤 인간관계를 맺어가느냐는 당신 자신과의 관계에 달려 있다. 이제 변하지 않는 영원한 친구와 친밀한 관계를 맺어보자.

07

관계 회복은
사랑을 통해 실현된다

알프레드 아들러는 "모든 고민은 인간관계에서 비롯된다."라고 했다. 아들러는 인간이 지닌 문제는 인간과 분리된 것이 아니라고 본다. 나는 이 말에 십분 공감한다. 경제적인 문제도 결국 인간과 관련이 있다. 인간 관계가 어려우면 직장도, 사업도 그만큼 더 힘들어진다. 모든 것은 인간 이 하는 일이기 때문이다.

30대 중반의 J는 굉장히 밝고 적극적이다. 직장에서도 꽤 적극적이었 다. 어떤 일이 발생했을 때 다른 사람들이 눈치를 보면서 미루면 자기가 나서서 맡았다. 많은 사람이 J의 덕을 봤다. 다른 사람들이 좋아할 만했다. 그런데 생각보다 사람들은 J를 별로 좋아하지 않았다. 왜일까? J는 솔선수범하며 일을 도맡아 하다가 어느 순간 부정적인 감정을 표출했다. "왜 내가 다 해야 하지?" 사람들이 들을 만큼 큰소리로 불평을 하곤 했다. 어린아이처럼 말이다. 그러니 직장동료들은 그를 별로 좋아하지 않았던 것이다. 오히려 J를 불편해했다. J는 남들이 하기 싫어하는 일을 하며 섬겼으나 그만한 대우를 받지 못할 언행을 한 것이다.

당시 나는 상담에 관심이 많아 자격증을 획득하며 나름대로 공부하고 있었다. 어느 날 J와 상담 공부에 관한 대화를 하게 됐다. J는 그동안 언급조차 하지 않았던 자신의 가정사를 이야기했다. 자신의 어머니가 새어머니고 동생이 이복형제라는 것이다. 어머니가 동생을 심하게 편애했고 자신을 방치를 하거나 혼내기만 했다고 한다. 나는 J의 어머니를 뵌 적이 있었다. J의 어머니는 굉장히 친절했다. 그리고 자기 아들 J를 잘 부탁한다며 칭찬을 했었다. 그런 J의 어머니를 기억하던 나는 속으로 많이 놀랐다. J는 곧이어 말했다.

"어머니가 사람들이 있을 때는 나를 위하는 척하고 내 칭찬을 많이 해요. 다른 사람들에게 어머니가 나를 사랑하고 잘해준다고 보여주려는 거죠."

오랫동안 자신을 고통스럽게 하는 마음 깊은 고민을 털어놓은 것이다.

J는 사람들에게 인정받고 사랑받고 싶었다. 그래서 사람들이 기피하는 일을 도맡아 했지만 벅찼다. 게다가 사람들이 생각보다 자신을 인정해주지 않았다. 그래서 어느 순간 부정적인 감정을 폭발하듯 쏟아냈던 것이다. 자신을 인정해주고 사랑해주기를 바라는 마음이 채워지지 않았기 때문이다.

현실 요법의 창시자 윌리엄 글래써는 인간의 행동은 5가지 기본적인 욕구를 충족시키기 위한 것으로 봤다. 생존의 욕구, 사랑과 소속의 욕구, 힘의 욕구, 자유의 욕구가 그것이다. 그중에 사랑과 소속의 욕구와 힘의 욕구가 사랑과 인정을 바라는 욕구이다. 이 욕구가 채워지지 않을 때 자신과 타인을 고통스럽게 하는 것이다.

상담학자들은 사랑을 우선 받아야 한다고 강조한다. 사랑을 받은 사람만이 사랑을 줄 수 있다는 것이다. 사람은 대체로 경험한 것만 할 수 있다고 한다. 이것이 대부분의 사람들에게 난제가 된다. 사랑을 받아보지 못했다면 어떻게 할 것인가? 어떤 사람들은 자신은 사랑을 받아본 적이 없다고 말한다. 실제로 그런 불우한 삶을 살고 있는 사람들도 있다. 그러나 대체로 우리는 사랑을 받아본 경험이 있다. 그것을 깨닫지 못하거나 잊어버렸을 뿐이다. 우리가 살아오면서 받아온 상처 때문에 부정적인 것만 더 크게 보인다. 그러나 긍정적인 경험을 하지 않은 사람은 별로 없다. 상담의 핵심 중의 하나는 재해석이다. 특히 이야기 치료는 내담자의 삶의 지배적 이야기와 문제적 이야기를 이전과는 다른 의미 부여와 해석을 시도하도록 돕는다. 그동안 상처가 됐던 부정적인 이야기에서 긍정적인 새로운 의미를 발견하게 하는 것이다. 나도 불과 몇 년 전에 고난을 겪으며 아무것도 할 수 없다는 무기력증에 빠졌었다. 그때 셀프 상담을 통해 과거의 성공 경험을 기억해냈다. 성공 경험을 기억하고 확인하자 무기력증을 극복할 수 있었다. 지금도 때때로 마음이 힘들고 자신감을 잃을 때가 있다. 그러면 나는 의도적으로 성공 경험을 되새기며 할 수 있다는 마음을 회복하곤 한다. 바로 이것이다. 사랑을 받은 사람만이 사랑을 줄 수 있다면 사랑을 받았던 경험을 찾아내면 된다. 찾을 때까지 말이다. 그 경험을 찾아내는 순간 마음이 회복되고 또 다른 긍정적인 경험이 되살아난다. 선순환되는 것이다.

나는 사춘기 시절, 가난한 가정형편과 권위적인 아버지에 대한 미움과 분노로 방황했다. 부정적인 정서로 그저 당장 눈앞의 기쁨만 추구하며 미래는 생각조차 하지 않았다. 그런 삶은 군대를 제대하고 난 후에도 계속됐다. 군대를 제대한 후 1개월이 조금 넘었을 때 어떤 사건을 통해 하나님의 사랑을 깨달았다. 나 같은 사람도 하나님께서 사랑하신다는 사실에 감격의 눈물을 주체할 수 없이 흘렸다. 세상이 달라 보였다. 매일 다니던 길도 얼마나 아름다워 보이는지 마치 천국과 같았다. 그때부터 성경을 열심히 읽었다. 성경 말씀을 통해서 하나님의 사랑을 더 깊고 분명하게 깨닫게 됐다. 그럴수록 나는 더 행복해졌다. 그때 어머니의 사랑도 깨달았다. 그동안 어머니는 나를 변함없이 사랑하셨고 나를 위해 기도하셨는데 인지하지 못했던 것이다. 아니 감사하지 않았던 것이다. 하나님의 사랑을 깨달으니 어머니의 사랑도 보였다. 그리고 나의 삶은 완전히 달라졌다. 그때부터 나는 의미 있게 시간을 보내기 시작했다. 그리고 다른 사람들을 돕는 삶을 살고 싶어졌다. 다른 사람을 보는 시각도 달라진 것이다. 그때부터 나는 꿈을 꾸고 미래를 준비하기 시작했다.

사랑을 경험하면 모든 것이 달라진다. 마음이 달라지고 생각이 달라진다. 언행도 달라진다. 우리 주변에도 연애하면서 달라진 사람들이 많지 않은가? 어떤 사람은 같은 사람이 맞나 싶을 정도로 달라진다. 사랑이 과거를 지워주지는 않지만, 현재와 미래는 변화시킨다. 사랑하면 행복해진다. 행복하면 여유가 생긴다. 여유가 있으니 다른 사람을 바라보는 시각과 생각도 달라진다. 그러니 인간관계가 회복되는 계기가 되는 것이다. 내가 아버지와의 관계가 회복될 수 있었던 것은 하나님의 사랑과 어머니의 사랑을 깨달았기 때문이다. 물론 아버지의 병환이 계기가 됐다.

그러나 사랑을 경험하지 않았다면 아버지와의 관계는 회복되지 않았을 것이다.

많은 사람이 사랑을 받고 싶어 한다. 그러나 사랑은 받기만 하는 것이 아니라 함께하는 것이다. 많은 연인과 부부의 문제는 받으려고만 하는 것 때문에 발생한다. 그러니 항상 결핍이 있는 것이다. 이미 받은 사랑을 기억해보라. 찾을 때까지 찾아보라. 당신의 생각보다 당신이 사랑을 받은 일이 많았을 것이다. 그때 당신의 삶은 완전히 달라질 것이다. 내가 그랬듯이 말이다.

또 다른 문제는 사랑에 대한 오해 때문이다. 바로 '사랑은 감정일까? 행동일까?'라는 문제다. 어느 날 내가 지도하고 있는 아하브워십 찬양팀의 리더가 내게 설교를 부탁했다. 주제까지 정해줬다. 주제는 '끊을 수 없는 사랑'이었다. '아하브'는 히브리어로 사랑이라는 의미인데 처음 드리는 예배니 아하브라는 이름과 관련된 설교를 부탁했던 것이다. 그때 내가 설교를 시작하면서 던진 질문은 이것이다.

"여러분, 사랑이 뭐라고 생각하세요?"

팀원 중에는 연애하고 있는 청년들도 꽤 있었다. 눈을 초롱초롱하게 빛내던 팀원들에게 나는 말했다.

"사랑은 움직이는 거야."

2000년대 초반에 유명했던 한 통신사의 광고 문구이다. 이 말은 바람을 피우다 남자친구에게 걸린 여인이 따지던 남자친구에게 했던 말이다. 그러나 사랑은 이기적인 행동이 아니다. 사랑은 '나와 너'를 위한 움직임이다. 유대인들의 언어인 히브리어에서 사랑을 뜻하는 '아하브'란 단어는 실천적인 의미가 강하다. 유대인들은 사랑을 행동으로 생각하는 것이다. '종은 땡땡 울리기 전까지는 종이 아니며, 사랑은 표현할 때까지 사랑이 아니다.'라는 말이 있다. 사랑은 표현하는 만큼만 사랑이다. 무엇보다 중요한 것은 상대가 사랑으로 받아들일 수 있어야 진정한 의미에서 사랑이 된다.

정신분석학자 에리히 프롬은 "사랑은 배우고 익혀야 할 기술이다."라고 했다. 많은 사람이 사랑의 기술이 없어서 사랑하는 사람에게 오해와 상처를 준다. 사랑도 배우고 익혀야 할 기술인 것이다. 상대의 입장에서 상대가 오해하지 않고 제대로 알고 받아들일 수 있도록 전할 수 있어야 한다. 그래서 사랑의 기술은 지금 당장 배우고 익혀야 한다. 성공도 행복도 아이디어가 아닌 실행하는 것에 있다. 내가 원하는 것을 얻으려면 실행력을 높여야 한다. 대체로 자연스럽게 되지 않는 행동을 할 때 원하는 것을 얻을 수 있다. 사랑도 마찬가지다.

모든 고민은 인간관계에서 비롯된다. 인간관계의 어려움은 사랑과 깊은 관련이 있다. 사랑받고 싶은 욕구가 채워지지 않으면 끊임없이 사랑을 받으려는 욕구로 예민해진다. 그때 관계의 문제가 발생한다. 반대로 사랑을 경험한 사람은 마음의 여유가 생긴다. 다른 사람의 언행에 내 감정이 휘둘리지 않는다. 나는 사랑받았고 그렇기에 사랑스러운 존재라는 생각이 있기 때문이다. 그러니 사랑을 경험해야 한다. 가장 좋은 방법은 이미 받은 사랑을 기억하는 것이다. 자신의 삶의 이야기를 그 전까지와는 다른 시각으로 재해석하고 긍정적인 요소를 찾아보라. 또한, 사랑은 받기만 하는 것이 아니다. 사랑은 주고받는 것이다. 사랑은 함께하는 것이다. 그러니 사랑의 기술은 반드시 배우고 익혀야 한다. 사랑은 단순한 감정이 아닌 행동하는 것이기 때문이다. 상대가 원하는 방식으로 행동하자. 상대가 알고 받을 수 있도록 사랑을 주자. 그러면 당신의 인간관계는 놀랍게 변화될 것이다.

RELATIONSHIP

3장

인간관계의 대부분은
사람공부로 해결된다

01

어떻게 하면 상대의 마음을
얻을 수 있을까?

"세상에서 가장 어려운 일이 뭔지 아니?"

"흠, 글쎄요. 돈 버는 일? 밥 먹는 일?"

"세상에서 가장 어려운 일은 사람이 사람의 마음을 얻는 일이란다."

프랑스 작가 생텍쥐페리의 동화 『어린 왕자』에 나오는 이야기다. 정말 세상에서 가장 어려운 일이 사람의 마음을 얻는 것일까? 내 인생 목표는 사람들을 잘 돕는 것이다. 목표를 갖게 된 후 늘 내 머릿속을 떠나지 않았던 질문이 있었다. 바로 '어떻게 하면 사람들의 마음을 얻을 수 있을까?'이다. 그래서 열심히 공부하며 제자훈련과 교회 사역을 했다. 그리고 가족 상담학 석사과정을 이수했다. 그 과정에서 사람을 돕기 위해서는 먼저 사람의 마음을 얻어야 한다는 것을 경험했다. 그러나 막상 사람의 마음을 얻으려고 하니 쉽지 않았다. 상대의 마음을 얻어서 도우려면 많은 공부가 필요했다.

성경 잠언 11장 30절은 이렇게 말씀하신다.

"의인의 열매는 생명 나무라 지혜로운 자는 사람을 얻느니라"

사람을 얻기 위해서는 지혜가 필요하다는 것이다. 상대의 마음을 얻기 위해서는 가장 먼저 진심이 필요하다. 진심이어야만 상대의 마음을 열 수 있다. 그러나 진심만으로는 안 된다. 진심을 전달할 수 있는 지혜가 있어야 한다. 상대의 마음을 얻기 위해서 어떤 지혜가 필요할까?

상대의 마음을 얻는 첫 번째 지혜는 상대에게 호감을 주는 것이다. 첫인상이 좋아야 한다. 하나님은 사람의 마음을 보신다. 그러나 사람은 첫만남에서 상대의 마음을 볼 수가 없다. 진심인지 아닌지를 판단하는 기준도 자신의 주관적인 느낌일 뿐이다.

연애하고 싶어 하는 청년들에게 어떤 이성을 원하느냐고 물으면 '느낌이 좋아야 한다.'라고 한다. 어떤 사람이 느낌이 좋을까? 인상이 좋은 사람이 느낌도 좋다. 신체 언어의 전문가 케빈 호건은 "사람을 처음 본 몇 초 안으로 그에 대한 전문적, 개인적 인상이 결정된다. 첫인상은 영구적으로 기록되며, 이후부터 그 사람의 모든 것을 측정하는 잣대로 사용될 가능성이 크다."라고 했다. 첫인상은 3초면 결정된다. 그러나 이를 뒤집는 데는 200배의 정보량이 필요하다고 한다. 이를 '초두 효과'라고 한다. 미국의 심리학자 솔로몬 애시는 실험을 통해 '초두 효과'가 '최신 효과'보다 압도적인 영향을 미친다는 것을 밝혀냈다.

첫인상은 이성 간의 관계뿐만 아니라 면접에서도 큰 영향력을 미친다. 캘리포니아 대학의 심리학 교수 알버트 메라비안은 첫인상의 결정요인이 무엇인지 실험했다. 실험결과는 외모, 표정, 태도 등의 시각적인 요인이 55%, 목소리 같은 청각적인 요인이 38%, 언어적인 요소가 7%였다.

내가 존경하는 기독교 상담의 대가이신 심수명 목사님이 있다. 그는 칼빈대학교 상담대학원 교수이기도 하다. 그분은 오랫동안 거울을 보고 웃는 연습을 했다고 한다. 그분의 웃음은 선해 보인다. 보는 사람까지 기분 좋게 한다. 웃는 연습을 했다니 가식적으로 보이는가? 아니다. 사람들을 잘 돕고 싶은 진심 때문에 웃는 연습을 한 것이다. 그분을 따라 나도 때때로 거울을 보며 미소 짓는 연습을 한다. 사람은 웃을 때 가장 예쁘다. 상대의 미소에 내 마음도 편안해진다. 단정한 옷차림과 외모, 그리고 미소만으로도 첫인상은 상당히 좋아진다. 누구나 조금만 노력하면 충분히 가능하다.

두 번째 지혜는 상대의 관심사를 아는 것이다. 그래야 공감대를 형성할 수 있다. 공감대를 형성해야 대화는 시작된다.

내가 전도사로 사역하면서 맡았던 첫 번째 부서는 중고등부였다. 당시 나는 29세였다. 내가 중고등학교 시절을 보낸 지 10년이 넘었다. 10년이면 강산도 변한다고 했던가? 그동안 세대가 많이 변했다. 게다가 나는 신학을 공부한 후로 6년간 TV를 보지 않았다. 그래서 당시 중고등학생들이 어떤 것에 관심이 있는지 전혀 몰랐다. 게다가 전도사라는 직분이 학생들에게 거리감을 주었다. 당장 무슨 말을 할지 고민됐다. 학생들에 대한 마음은 진심이었지만 진심만으로는 접근 자체가 쉽지 않았다. 그때 내가 택한 것은 학생들의 관심사를 아는 것이었다. 우선 학생들이 좋아하는 TV 프로그램이 무엇인지 알아보았다. 당시 MBC에서 방영하는 예능 프로그램인 〈무한도전〉이 가장 인기가 있었다. 틈날 때마다 인터넷으로 〈무한도전〉을 봤다.

나의 장점 중 하나는 유머 감각이다. 유머 감각을 활용해 무한도전과 관련된 이야기로 학생들과 대화하기 시작했다. 학생들의 반응은 처음엔 '전도사님이 이런 말을?'이라는 표정이었다. 이내 '전도사님도 〈무한도전〉을 좋아하는구나'가 됐다. 자신들이 좋아하는 이야기를 하니 쉴 새 없이 떠들기 시작했다. 학생들의 표정은 점점 밝아졌다. 학생들은 나를 대화가 되는 전도사로 받아들여주었다. 학생들은 점점 내게 마음을 열었다. 그리고 자신의 고민을 이야기하기 시작했다. 때로는 그들만의 거친 표현까지 사용하면서.

그때 깨닫고 경험한 것이 다른 세대의 사람들에게도 큰 도움이 됐다. 20대에서 60대까지 전 세대가 비슷했다. 상대의 관심사를 알 때 공감대를 형성하고 대화를 시작할 수 있었다. 공감대가 형성될 때 유머도 할 수 있었다. 그때 어색함은 사라졌고 진솔한 대화를 나눌 수 있게 됐다. 나이에 따라 관심사는 다르지만, 마음만은 같았다. 누구나 자신의 관심사에 대해 말하면 좋아했다. 자신의 관심사에 관심을 두고 있는 사람들에게는 호감을 느끼고 마음을 연다. 통한다고 생각하는 것이다. 통한다고 생각할 때 상대는 마음을 열고 비로소 나의 진심을 보게 된다.

상담도 마찬가지다. 내담자의 이야기를 먼저 듣는 것이 상담의 기본이다. 상담사가 내담자의 이야기를 듣지 않으면 상담은 시작도 하지 못한다. 그래서 상담사가 가져야 할 첫 번째 소양은 경청이다. 내담자를 돕고

자 하는 진심과 내담자의 관심에 관심을 보여야 '상담적' 관계가 형성되는 것이다.

세 번째 지혜는 상대의 말과 행동에 긍정적인 반응을 하는 것이다. 인간관계는 상호작용이 중요하다. 상대의 말이나 행동에 적절한 반응을 하면 상대는 기분이 좋아진다. 당신과 함께할 때 기분이 좋다는 느낌이 남게 된다. 이성을 만날 때도 느낌을 중요시하듯 모든 인간관계에는 느낌이 중요하다. 내가 중고등부 학생들과 처음 관계를 맺으려고 할 때 벽을 만든 것은 전도사라는 느낌이었다. 왠지 따분하고 설교만 할 것 같은 그런 느낌 말이다. 부모 자녀 간에도 그렇다. 부모는 자녀를 위해 교훈을 주려고 하지만 자녀에게는 잔소리로 들린다. 실제로 이미 많이 했던 말일 가능성이 크다. 그러면 자녀는 부모에 대한 안 좋은 느낌을 갖게 된다. 그것이 자녀가 부모를 피하는 이유 중의 하나가 된다. 부모 또한 자녀의 무반응에 고민하곤 한다.

내가 설교를 할 때 가장 힘든 상황은 반응이 없는 청중들이다. 청중들이 반응이 없으면 진땀이 흐른다. 반대로 청중들이 호응하면 힘이 나서 설교도 더 잘 된다. 설교는 하나님의 말씀을 전하는 것이기에 청중들의 반응과 상관없이 전해야 한다. 그러나 설교를 하는 나는 사람이라 사람의 반응에 영향을 받는다. 또한, 반응이 좋은 청중들에게는 친근감이 든다. 강연할 때도 마찬가지다. 그래서 나는 처음 간 곳이면 초반에 유머로 반응을 이끌어낸다. 그날 강연의 내 열정은 청중들이 유머에 어떻게 반응을 했는지 여부이다.

TV 프로그램에서도 리액션을 중요시한다. 어떤 프로그램은 방청객이 없는데 방청객의 웃음소리와 환호 소리를 넣기도 한다. TV를 보는 사람들은 그에 따라 영향을 받는다. 한창 코로나로 방청객 없이 방송할 때는 왠지 모르게 재미가 덜 했다. 좋아하는 프로그램인데도 말이다. 예능 대부로 불리는 이경규는 40년이 넘도록 비중이 높은 활동을 하고 있다. 그가 SBS 예능 프로그램 〈집사부일체〉에서 가장 중요한 예능 노하우를 전수했다. 그는 이렇게 말했다.

"예능의 꽃은 리액션이다."

그만큼 반응이 중요한 것이다. 최고의 전성기를 20년 가까이 누리고 있는 유재석의 최대 장점도 리액션이다. 유재석은 출연자의 말에 경청하며 상황에 맞는 리액션을 정말 잘한다. 유재석의 리액션에 출연자는 힘을 얻고 자신이 할 수 있는 최대치를 발휘한다. 그것이 리액션의 힘이다.

긍정적인 반응은 어렵지 않다. 상대의 말이나 행동에 고개를 끄덕이거나 미소를 지으며 맞장구를 쳐주면 된다. "아 그랬어요?", "그래서 어떻게 됐어요?", "하하하 재밌네요." 등이다. 〈좋은연애연구소〉 김지윤 소장의 〈신도림 영숙이〉라는 영상이 인기를 끌었다. 한 여성이 신도림에서 영숙이라는 친구를 만나서 남자친구나 여자친구에게 말하고 난 후 보이는 반응에 관한 내용이다. 별 것 아니라는 듯한 반응을 보인 남자친구와 격한 반응을 보이는 여자친구의 반응이 재미있다. 연애를 잘하려면 여자친구의 반응처럼 하라는 것이다. 그저 놀란 듯이 반응을 보여주면 된다. 그러면 여성은 상대에게 마음을 열고 더 친밀한 관계를 형성하게 된다. 모든 인간관계가 마찬가지다. 인간관계를 돈독하게 하는 것이 긍정적인 반응이다. 조금의 노력이 상대의 마음을 여는 비법이 된다.

세상에서 가장 어려운 것은 사람이 사람의 마음을 얻는 것이다. 그러나 공부하면 어렵지만은 않다. 공부하면 상대의 마음을 얻을 수 있다. 먼저 당신의 첫인상을 가꿔라. 하나님은 마음을 보시지만 사람은 외면을 본다. 진심만으로는 부족하다. 당신의 옷차림과 외모, 그리고 미소만 바꿔도 첫인상은 놀랍게 변한다. 화려하거나 과하게 꾸미라는 말이 아니다. 단정함과 깔끔함, 그리고 상대를 편안하게 하는 미소만 준비하면 된다. 또한, 상대의 관심사에 관심을 가지자. 그리고 상대의 관심사에 대해 말하자. 그러면 상대는 당신을 통하는 사람으로 느낄 것이다. 더 나아가 당신이 상대에 호감이 있다는 표현을 하자. 그것이 바로 상대에 대한 긍정적인 반응이다. 이외에도 상대의 마음을 얻는 방법은 많다. 기대하라. 앞으로 하나하나 다룰 것이다.

끌리는 사람,
호감 가는 사람

    당신은 호감 가는 사람이 좋은가? 잘생기고 예쁜 사람이 좋은가? 잘생기고 예쁘면 호감이 갈 수 있지만, 반드시 그런 것은 아니다. 2년 전 코로나19 사태로 거리 두기가 한창일 때 아내가 잠깐 케이크를 만드는 회사에서 아르바이트했었다. 아내의 말에 의하면 아르바이트생 중에 놀랄 만큼 잘생기고 예쁜 청년들이 많았다고 한다. 사장이 아르바이트 지원자가 많아 잘생기고 예쁜 청년들을 위주로 채용한 것이다. 그런데 아내는 아르바이트하면서 비호감이 된 잘생긴 청년이 있었다고 한다. 마스크를 자꾸 내렸던 것이다. 코로나19 사태로 공포가 엄청나게 클 때였는데 말이다. 아무래도 자기가 잘생긴 것을 잘 알고 예쁜 아르바이트생들에게 매력발산을 하고 싶었나 보다.

첫인상이 중요하지만 좋은 인상을 유지하려면 비호감이 될 만한 언행을 조심해야 한다. 아무리 첫인상이 좋아도 부정적인 면을 보면 좋던 인상도 사라진다. 99가지 장점보다 한 가지 단점이 크게 보인다는 말이 있다. 대체로 사람들은 장점보다 단점을 더 크게 본다. 부정적인 것에 더 많이 영향을 받는 것이다.

임상심리학자 엘리자베스 루카스 박사가 재미있는 실험을 했다. 15% 가량의 상한 딸기가 섞여 있는 두 개의 바구니에서 한 그룹의 아이들에게는 상한 딸기를 고르게 했다. 다른 그룹의 아이들에게는 싱싱한 딸기를 고르게 했다. 그리고 싱싱한 딸기의 양이 얼마나 되는지 답해보라고 했다. 싱싱한 딸기를 고른 아이들은 거의 정확히 맞췄다. 반대로 상한 딸기를 골라낸 아이들은 싱싱한 딸기의 양을 실제보다 훨씬 적다고 대답했다. 엘리자베스 루카스는 성인들에게도 같은 실험을 했지만, 그 결과는 같았다. 이를 부정성 효과라고 한다. 부정성 효과란 사람들 대부분 긍정적인 것보다 부정적인 것에 더 영향을 받는 경향성을 말한다. 그러니 좋은 첫인상을 유지하려면 부정적인 언행을 조심해야만 한다. 상황에 맞지 않는 언행 하나에 미운털이 박히게 된다.

반면 내가 호감 가는 사람이 되려면 긍정적이어야 한다. 아이러니하게도 사람은 부정적인 것에 영향을 받으면서도 부정적인 사람을 좋아하지 않는다. 내가 아는 지인 중에서도 부정적인 사람이 있다. 연예인이나 유명인에 대해 놀라울 정도로 부정적인 소문을 많이 안다. 그에 의하면 그 소문들은 명백한 사실이다. 너무나 확신 있게 말한다. 나는 그가 그런 소문들을 어떻게 알았는지, 그리고 어떻게 그렇게 확신하는지 궁금하다. 연예인이나 유명인에 대해서만 그런 것이 아니다. 어떤 제품이나 사건에 대해서도 부정적인 것들을 너무나 많이 안다. '잡학다식'하다고 해야 할까? 나는 그가 그런 것은 혼자만 알았으면 좋겠다.

부정적인 것도 전염되지만 긍정적인 것도 전염된다. 당신은 사람들에게 어떤 영향을 미치고 싶은가? 올해 초에 베이징 동계올림픽을 했다. 베이징 동계올림픽은 전 세계인의 축제가 아닌 '그들만의 축제'라는 비판이 있을 정도로 보기 싫은 올림픽이었다. 중국의 자국 선수들에 대한 편파판정으로 우리나라 선수들은 큰 피해를 봤다. 그런 베이징 동계올림픽에서도 감동적인 스토리가 있었다. 바로 황대헌 선수의 남자 1,500m 쇼트트랙 금메달 획득이다. 그의 금메달 획득이 더 감동적인 것은 그가 불과 며칠 전에 편파판정으로 실격을 당했었기 때문이다. 올림픽을 보고 있던 나와 아내는 두 눈을 의심했다. 쇼트트랙 남자 1,000m에서 심판의 이상한 판정 때문이었다. 황대헌 선수는 다른 선수들을 스치지도 않고 빠져나와 1위를 차지했다. 그런데 심판이 오랫동안 경기 영상을 확인하더니 실격처리를 해버렸다. 세계의 많은 전문가도 놀라며 이해할 수 없는 판정이라고 입을 모았다. 그러나 주최 측은 공정한 판정이라며 선을 그었다. 결국, 중국 선수가 금메달을 획득했다. 정말 화가 났다. 찾아가서 판정을 내린 심판의 엉덩이를 발로 차버리고 싶을 정도였다. 나도 그렇게 화가 나는데 당사자인 황대헌 선수의 마음은 어땠을까? 몇 년간 정말 열심히 준비해 얻은 결과를 편파판정으로 빼앗겼으니 말이다. 그때 황대헌 선수가 SNS에 이런 글을 올렸다.

"장애물 때문에 반드시 멈출 필요는 없다. 벽에 부딪힌다면 돌아서서 포기하지 마라. 어떻게 벽에 오를지, 뚫고 갈 수 있을지, 돌아갈 순 없는지 생각해봐라."

바로 미국의 전설적인 농구선수 마이클 조던의 명언이었다. 이것이 그가 불과 며칠 후 1,500m 쇼트트랙 경기에서 금메달을 획득할 수 있었던 비결이다. 그는 부정적인 결과에 마음을 빼앗기지 않았다. 오히려 긍정적인 명언을 마음에 새기며 다음 경기를 준비했다. 그리고 놀라운 일을 해냈다.

성공하는 사람들은 성공하는 이유가 있다. 그것은 바로 흔들리지 않는 강한 정신과 실행력이다. 어떤 환경이나 사람들에 의해 흔들리지 않는다. 설사 결과가 좋지 않아도 마음을 다잡고 다음을 준비하고 도전한다. 그러니 결국 좋은 결과를 내는 것이다. 이것은 자신에 대한 믿음과 강한 정신, 그리고 철저한 준비로 실력을 갖췄기 때문에 가능한 일이다. 우리는 이런 사람들을 보면 감동한다. 황대헌 선수는 동계올림픽에서 보여준 모습으로 많은 사람에게 감동과 교훈을 주었다. 누가 그런 사람을 좋아하지 않겠는가?

긍정적인 사람은 주변에 좋은 에너지를 퍼트린다. 그래서 같이 있으면 기분이 좋아지고 긍정적인 마음을 갖게 된다. 긍정적인 사람의 특징 중의 하나는 실패에 의연하다는 것이다. 황대헌 선수처럼 말이다. 그러니 문제가 발생했을 때 다른 사람에게 책임을 전가하지 않는다. 대신 문제 해결 방법을 찾고 행동한다. 그러니 결국 해내는 것이다. 이것이 긍정의 힘 중의 하나이다.

긍정적인 것은 정말 중요하다. 하늘에 떠다니는 것처럼 '오버하라'는 것이 아니다. 황대헌 선수처럼 묵묵하지만, 안정감 있고 긍정적인 것이 호감을 사는 비결이다. 늘 한결같으면서도 자신감을 가지고 자기의 일을 하는 사람에게 사람들은 호감을 갖는다.

또한, 사람은 자기를 존중하고 좋아해주는 사람을 좋아한다. 호감 가는 사람이 되기 위해서는 상대를 존중하고 좋아해야 한다. 로랜스 굴드는 "남이 당신에게 관심을 보이게 하고 싶거든, 당신 자신이 귀와 눈을 닫지 말고 다른 사람에게 관심을 표시하라. 이점을 이해하지 않으면, 아무리 재간이 있고 능력이 있더라도 남과 사이좋게 지내기는 불가능하다."라고 했다.

어느 주일 예배 전 평상시보다 조금 늦게 교회에 도착했다. 교회에 들어가보니 제자 한 명이 컴퓨터와 프로젝트를 점검하고 있었다. 나는 그 제자에게 반갑게 인사했다. 그런데 그 제자가 나를 쳐다보지도 않고 인사를 하는 것이다. 순간 기분이 확 상했다. 물론 그는 맡겨진 일을 하느라 그랬을 것이다. 그러나 아무리 바빠도 기본적인 예의는 지켜야 한다. 누군가가 인사를 할 때는 얼굴을 보고 인사하는 것은 기본 중의 기본이다. 그리고 '나는 당신의 말을 듣고 있어요.', '당신은 어떤 일보다 중요한 존재예요.'라는 느낌을 주어야 한다. 대부분 우리는 큰일보다 작은 일에서 마음이 상한다. 특히 부부간에 더욱 그렇다. 상대를 존중하고 소중하게 여겨주는 것이 진짜 사랑이다. 그때 우리는 서로에게 감동한다. 타인을 존중한다는 것은 과도한 예의를 차리는 것이 아니다. 과도한 예의는 오히려 벽을 만든다. 존중은 상대에 대한 기본을 지키는 것이다. 나에게 중요한 사람이 아니라도 건성건성 대하면 안 된다. 사람들은 그것을 금방 안다.

브라이언 트레이시와 론 아덴의 저서 『끌리는 사람의 백만불짜리 매력』에는 이런 이야기가 나온다.

"그 사람은 다른 사람과 이야기할 때 둘만 있는 것처럼 행동해요. 상대방 외에는 세상에 아무도 없는 것처럼요."

저자의 아내가 호감 가는 사람에 대해 한 말이다. 사랑에 빠진 연인에 관한 이야기 같지 않은가? 누구나 나에게 집중하면 좋아한다. 우리가 사랑에 빠졌을 때의 모습을 생각해보면 된다. 그리고 부부관계가 소원해졌을 때를 반면교사 삼으면 된다.

이어서 저자는 이렇게 말한다.

"매력적인 사람은 대체로 '상대에게 즐거움을 주는 것'에 의미를 둔다. 더 중요한 것은 상대도 내색은 하지 않지만, 그 같은 사실에 마음속 깊이 고마움을 느낀다."

상대에게 즐거움을 주는 것이 호감 가는 사람이 되는 비결이다. 상대에게 즐거움을 주는 방법은 경청, 공감, 칭찬, 그리고 앞에서 말한 상대의 관심사에 관심을 두고 긍정적인 반응을 하는 것이다. 이 모든 것들은 상대에 대한 진심과 정중한 태도, 그리고 대화법과 관련되어 있다.

'설득의 원리' 분야에서 세계 최고 전문가로 인정받고 있는 데이브 라카니는 이렇게 말했다.

"상대를 설득하고 싶다면 호감도를 높이는 것 또한 반드시 연마해야 할 기술이다. 사람은 누구나 자신이 좋아하는 사람과 비즈니스를 하고 싶어 하기 때문이다."

사람은 고쳐 쓰는 것이 아니다?

'사람은 고쳐 쓰는 것이 아니다.'라는 말이 있다. 당신은 어떻게 생각하는가? 많은 사람이 이 말에 동의할 것이다. 사람은 누구나 실수를 한다. 그러나 실수가 반복되면 더 이상 실수로만 볼 수 없다. 그 사람의 태도와 자세, 그리고 습관일 가능성이 크다.

하지만 나는 '사람은 고쳐 쓰는 것이 아니다'라는 말에 물음표가 생긴다. 사람을 '나와 너'라는 인격체로 보는 것이 아니라 '나와 그것'으로 보는 관점이기 때문이다. 인간과 인간의 관계는 수직적인 상하 관계가 아니다. 수평적이고 인격적인 평등한 관계이다.

요즘 결혼 평균 연령이 상당이 높아졌다. KOSIS (통계청, 인구 동향 조사)의 통계에 따르면, 2021년 기준으로 남자 33.35세, 여자 31.08세라고 한다. 2021년 기준으로 봐도 나는 결혼을 굉장히 늦게 했다. 신학대학교와 신학대학원 7년 이상을 공부하다가 결혼의 시기를 놓친 것이다. 신학대학원을 졸업하니 어느덧 30대 초중반이 됐다. 게다가 교회에서 전임 부목사로 사역을 하다 보니 이성 교제를 하기가 쉽지 않았다. 교회 외에는 사람을 만날 기회가 없었다.

그러나 부목사가 되면서 교구를 맡았기 때문에 결혼을 꼭 해야 했다. 미혼자가 결혼한 성도들의 문제를 돕기가 쉽지 않기 때문이다. 그래서 성도들이 내가 결혼할 수 있도록 기도해주었다. 기도뿐만 아니라 여성을 소개해주신 분들도 많았다. 30대 중반에 만나는 사람도 없으니 걱정됐나 보다. 감사했지만 부담스럽기도 했다. 성도들이 소개해주었기 때문에 결과가 좋지 않으면 죄송한 마음까지도 들었다. 그렇다고 결혼 상대를 쉽게 결정할 수도 없는 일이었다.

많은 우여곡절 끝에 아내를 만나 결혼식 날짜를 정했다. 그때부터 부부생활의 모든 것에 대한 조언이 시작됐다. 도움이 되는 조언들도 있었지만, 위험한 조언들도 많았다. 특히 "처음부터 그렇게 하면 버릇 나빠져요."라는 유의 조언이다. 그것도 남성이 아닌 여성의 조언이었다. 정말 충격적이었다. 한번 길들이면 계속 그렇게 한다는 것이다. 이게 도대체

무슨 말인가? 배우자를 길들인다니? 하마터면 전근대적인 사고방식으로 불행한 부부생활을 할 뻔했다. 그런 생각 자체가 불행을 가져오는 비결이다.

많은 사람이 상대를 나에게 맞추려고 한다. 자기 자신의 기준이 옳다고 생각해 그 기준에 맞추는 것이다. 그러나 정작 그런 사람들은 자기 자신도 그 기준에 맞추지 못하는 경우가 많다. 자기 자신도 못 하면서 왜 상대에게 그런 기준을 맞추라고 하는가? 요즘 '가스라이팅'이라는 말을 많이 한다. 네이버 지식백과 시사 지식 사전에는 가스라이팅을 이렇게 요약한다. '타인의 심리나 상황을 교묘하게 조작해 그 사람이 스스로 자기 자신을 의심하게 만듦으로써 타인에 대한 지배력을 강화하는 행위로, 〈가스등(Gas Light)〉(1938)이란 연극에서 유래한 용어이다. 가스라이팅은 가정, 학교, 연인 등 주로 밀접하거나 친밀한 관계에서 이뤄지는 경우가 많은데, 보통 수평적이기보다 비대칭적 권력으로 누군가를 통제하고 억압하려 할 때 이뤄지게 된다.'

가스라이팅은 수평적인 관계가 아니라 권력으로 상대를 통제하고 억압하려는 것이다. 쉽게 말하면 상대를 자기 입맛대로 조종하려는 것이다. 나 자신에게 상대를 맞추려고 하는 것 자체가 가스라이팅의 시작이라고 할 수 있다. 하나님은 우리 각자를 다르게 창조하셨다. 우리 각자에게 독특한 개성을 주셨다. 각각에 맞는 달란트도 주셨다. 그리고 돕는 배필로 살게 하셨다. 우리는 다르기 때문에 잘못된 것이 아니다. 다르기 때문에 서로에게 도움이 된다. 다름을 인정할 때 우리는 성장한다. 다르기 때문에 서로 배울 점이 있는 것이다.

내가 상담을 공부하면서 깨달은 것이 있다. 한 가지 상담이론만으로는 모든 내담자를 도울 수 없다는 것이다. 다양한 상담이론들은 각각의 장단점이 있다. 인지 치료는 정신분석을 비판하면서 만들어졌다. 그러나 인지 치료가 있어서 더 많은 사람에게 도움이 됐다. 그렇다고 인지 치료가 만병통치약은 아니다. 정신분석이 필요할 때도 있다. 비교적 최근에 정립된 이야기 치료도 지금까지의 상담이론들을 비판한다. 그러나 모든 이론은 적절하게 사용하면 큰 도움이 된다. 아무리 뛰어난 상담학자가 정립한 이론이라도 한계는 있다. 그것이 인간이다. 인간관계에서도 마찬가지다. 완벽한 사람은 없다. 상대가 마음의 병에 걸렸거나 미성년자가 아니라면 과도한 통제나 가르치려는 태도는 관계를 해칠 뿐이다. 자기 자신에게도 도움이 되지 않는다. 상대를 있는 그대로 인정해주고 상대의 장점을 보는 것이 사람의 마음을 얻는 지혜이다. 그럴 때 나 자신도 성장한다. 우리 각자가 조금만 상대의 입장이 되어서 생각해보면 상당 부분 이해할 수 있다.

헨리 제임스는 "남과 교제할 때, 먼저 잊어서는 안 될 일은 상대방에게 는 상대방 나름대로 생활방식이 있으므로 혼란스럽게 하지 않도록 남의 인생에 함부로 간섭해서는 안 된다는 것이다."라고 했다. 좋은 관계를 맺 으려면 그 사람 자체를 존중하고 이해하는 마음이 필요하다. 많은 부부 가 별 것 아닌 일로 다툰다. 치약을 앞부분에서 짜느냐? 뒷부분에서 짜 느냐? 왜 양말을 뒤집어서 벗어 놓느냐? 심지어 화장실의 휴지를 위에서 말려 내려가게 두느냐 아래에서 말려 내려가게 두느냐로 다투는 사람도 봤다. 다툼이 잦아지면 별것 아닌 일도 더 이상 별것 아닌 일이 아니게 된다.

실존주의 철학자 사르트르는 이렇게 말했다.

"모든 사람은 이것이든 저것이든 하나를 선택한다. 그리고 그들은 그 것에 대하여 책임을 져야만 한다."

부부관계도 선택이다. 당신이 무엇을 선택하는지에 따라 삶의 질은 달 라진다. 상대를 고치려고 하는 것은 전쟁과 같은 삶을 살겠다는 선택이 다. 상대가 나를 고치려고 하는 것을 느끼면 반발심이 생기기 때문이다. 나도 때때로 잘못하는지 알면서 오기가 생길 때가 있다. 우리 마음 안에 는 청개구리가 살고 있다. 반대로 상대를 이해하고 인정하는 것도 당신 의 선택이다. 사람은 누구나 이해받고 인정받으면 기분이 좋아진다. 기분이 좋을 때 마음의 여유가 생긴다. 마음의 여유가 생기면 자신을 돌아보고 잘못을 수정하려는 힘이 생긴다. 당신의 선택에 따라 배우자의 태도와 반응이 달라진다.

『좋은 생각』 김진이 기자가 쓴 〈세상을 맞추는 일〉이란 이야기이다.

어느 가정에서 아들이 아빠와 함께 시간을 보내고 싶어 했다. 아들의 이야기를 들은 아빠는 주말에 아들과 함께 시간을 보내기로 계획을 세웠다. 당일 아침 아들이 일찍 일어나 아빠를 찾았다. 아빠는 자신의 시간을 조금 갖고 싶어 아들에게 퍼즐을 풀면 밖에 나가서 놀기로 했다. 그런데 아들이 몇 분도 지나지 않아 퍼즐을 맞춰서 가져왔다. 아빠는 놀란 표정을 지으면서 어떻게 이렇게 빨리 맞췄는지 물었다. 그때 아들은 이렇게 대답했다.

"처음에는 맞출 수가 없어서 포기하려고 했어요. 그때 종잇조각 하나가 식탁에서 떨어졌어요. 종이를 주우려고 허리를 숙였는데 유리로 된 식탁 밑에서 보니 신문 뒷면에 사람 사진이 있더라고요. 거기서 아이디어를 얻었죠. '아, 사람을 맞추면 퍼즐이 저절로 맞춰지겠구나.' 하고요."

아빠는 아들을 꼭 안아주면서 생각했다. '인생을 사는 데 중요한 것이 무엇일까? 앞면을 보고 해결하기 어려울 때, 뒷면을 생각하는 지혜가 필요하구나.'

그렇다. 우리의 삶에는 때때로 크고 작은 어려움이 발생한다. 그러나 그 문제를 바라보는 시각에 따라 마음의 상태가 달라진다. 문제를 크게 보면 마음이 힘들다. 도무지 해결할 수 없는 문제로 생각되기 때문이다. 반면에 문제를 다른 시각으로 보면 해결책을 찾을 수 있다. 보는 시각에 따라 별문제가 아닐 수도 있다. 인간관계도 마찬가지다. 상대를 어떻게 바라보느냐에 따라 달라진다. 문제는 문제로 생각할 때 문제가 된다. 때때로 상대를 다른 시각으로 바라보는 것만으로도 문제가 해결되기도 한다. 문제 해결의 열쇠는 우리의 시각에 있다.

사람은 고쳐 쓰는 게 아니다? 그렇다. 사람은 고쳐 쓰는 게 아니다. 그 생각 자체에 이미 오류가 있다. 사람과 사람의 관계는 평등하기 때문이다. 비인격적인 태도는 상대방에게 반발심을 갖게 한다. 아무리 자신이 잘못했더라도 오기가 생긴다. 그러니 상대를 고치려고 할수록 관계는 틀어진다. 게다가 상대를 고치려는 나도 힘들어진다. 상대가 내 뜻대로 하지 않기 때문이다. 그러나 나는 사람은 충분히 변할 수 있다고 믿는다. 나 자신이 하나님의 사랑과 어머니의 사랑으로 놀랍게 변했기 때문이다. 다만 시간이 필요할 뿐이다. 바로 그것이다. 사랑이 비결이다. 사랑은 상대에 대한 존중과 이해하려는 마음이다. 누구나 사랑을 받으면 감동한다. 감동하면 자신을 돌아보게 된다. 그러니 먼저 상대를 고치려는 시각

부터 바꾸자. 당신의 시각이 바뀌고 태도가 바뀔 때 관계는 변하기 시작
한다.

04

나는 사람공부로 인간관계에
가장 중요한 것을 배웠다

어느 부부가 심하게 싸우고 며칠 동안 말 한마디도 하지 않았다. 남편이 잠들기 전에 테이블 위에 아내에게 메모를 남겼다.

"아침 6시에 꼭 깨워줘."

다음 날 남편이 일어나 시계를 보니 10시가 되어가고 있었다. 깜짝 놀란 남편은 눈을 비비며 주위를 살펴봤다. 테이블 위에 아내가 남긴 메모지가 있었다.

"6시에요. 일어나세요."

부부 싸움을 하면 결국 자기 손해이다. 그래서 나는 아내와 다퉈도 그날 해결하려고 노력한다. 어떤 사건으로 당장 부정적인 감정이 올라와 다투더라도 각자의 시간을 가지며 생각한다. 그리고 조금 감정이 가라앉으면 서로의 이야기를 듣는다. 다 이해되지 않을 때도 있다. 그러나 조금만 생각해보면 각자가 잘못한 것이 있다. 그러니 미안한 마음에 서로의 잘못도 이해한다.

부부싸움은 칼로 물 베기라는 말이 있다. 더 이상 그 말은 공감되지 않는다. 부부싸움을 제때 해소하지 않으면 서로의 마음에 큰 상처를 입힌다. 그 상처는 저절로 아물지 않는다. 요즘 60대 이상 부부들의 황혼이혼이 많아지고 있다. 황혼이혼은 자녀를 다 키운 후에 이혼하는 것을 말한다. 얼마나 상처가 크면 황혼이혼을 할까? 황혼이혼에 관한 뉴스 기사를 볼 때마다 경각심을 갖게 된다. 웬만하면 감정을 추스르고 대화하자.

앞서 말한 생텍쥐페리의 동화 『어린 왕자』에서는 이 세상에서 가장 어려운 것은 사람이 사람의 마음을 얻는 일이라고 했다. 그러나 많은 전문가는 부부관계가 가장 어렵다고 한다. 부부관계가 어려운 것은 남성과 여성 둘만의 만남이 아니기 때문이다. 부부관계는 집안 대 집안의 만남이다. 집안에는 삼사 대에 걸친 사람들이 있다. 배우자는 각각 삼사 대의 사람들의 영향을 받고 치유되지 않은 상처까지 있다. 그러니 부부관계가 어려운 것이다. 게다가 사람은 본성적으로 자기 중심성이 있다. 연애하거나 신혼 초에는 상대를 위하는 마음이 있다. 상대 중심적인 것이다. 그러나 시간이 지나면 본래의 자기 중심성으로 돌아온다. 그래서 많은 부부가 "네가 조금만 도와주면 행복할 텐데." 또는 "네가 이 부분만 고치면 문제가 없을 텐데."라는 생각을 한다. 상대의 문제 때문에 힘들다고 생각하니 더 미워지고 분노가 일어나는 것이다.

칼빈대학교 상담대학원 교수이자 목사인 심수명은 설교 중에 이렇게 말했다.

"사랑을 요구하는 심리를 가지게 되면 마음에 구멍이 뚫립니다. 아무리 사랑을 보여주고 사랑의 감동을 주어도 마음에 구멍이 뚫리면 다 흘리고 남는 것이 없습니다. … 부부관계가 어려운 이유가 바로 이것입니다. "당신이 먼저 나를 사랑으로 감동시켜봐라. 그러면 내가 당신의 사랑을 믿겠다." 이런 태도와 마음의 자세를 가지고 상대방과 관계하면 절대로 사랑의 채움이나 감동이 없고, 사랑이 확인될 수 없습니다."

사랑을 요구하는 심리가 사랑을 받을 수 없는 상태가 된다는 것이다. 받기만 하려는 마음이 사랑을 가로막는다. 그 결과 부부관계는 불행해진다.

부부관계와 관련된 상담이론 중에 '이마고 치료'가 있다. 묘하게도 폭력적인 아버지에게서 자란 딸은 폭력적인 남편을 만나는 경우가 많다. 알코올 중독자인 아버지 밑에서 자란 딸은 알코올 중독자인 남편을 만나기도 한다. 나는 실제로 그런 사람들을 많이 봤다. 상담을 공부하기 전에는 도대체 왜 그런지 이해할 수가 없었다. 만일 결혼하기 전에 배우자가 그렇다는 것을 알았다면 결혼을 했을까? '이마고 치료'에서는 그 원인을 '이마고'에서 찾는다.

심수명 교수는 자신의 저서 『한국적 이마고 부부치료』에서 이렇게 말한다.

"'이마고(IMAGO)'란 '이미지'의 라틴어로서 우리 마음 한가운데 자리 잡고 있는 어떤 현상에 대한 의식 및 무의식적 표상을 의미한다. … '이마고'는 어린 시절에 가장 크게 영향을 받은 사람들의 복합적인 이미지와 사회화 과정에서 받은 영향, 그리고 살아오면서 겪은 많은 사건을 통해 형성된다. 이렇게 형성된 이마고는 한 개인의 성격으로 내면화되어 타인과의 관계양상에서 표출된다."

'이마고'는 과거에 가장 크게 영향을 받은 사람들에 대한 '복합적인 이미지'라고 생각하면 된다. 사람은 부정적인 것에 더 큰 영향을 받게 된다. 특히 어린 시절에는 더 그렇다. 그러니 부모의 부정적인 모습을 반복하는 것이다. 내가 아내와 함께 결혼예비학교에서 배운 것이 바로 이것이다. 그래서 각자의 과거의 상처를 찾고 명료화한 것을 서로 간직한 것이다. 이것이 우리 부부의 관계에 굉장히 커다란 힘이 됐다. 서로의 상처와 반응양식을 알고 있으니 다투더라도 한편으로는 이해가 되는 것이다. 그러니 큰 싸움으로 이어지지 않는다.

가족관계도 부부관계만큼 어렵다. 가족 상담은 가족들이 무엇을 말하는가보다 누가 누구에게 말하고 어떻게 말하는지에 대해 집중한다. 대부분의 사람들은 자녀들이 문제행동을 하면 쉽게 자녀의 문제거나 부부의 문제로 본다. 그러나 자녀의 반항은 아버지의 무관심, 어머니의 소유욕 때문일 수 있다. 가족은 구성원 사이에 상호연결성을 가진다는 것이다. 가족의 관계에서 상호작용을 살펴봐야 한다.

아버지에 대한 분노로 힘들어하는 30대 중반의 남성 L이 있다. 나는 그와 상담을 하면서 가계도를 그렸다. 가계도란 가족의 삼대 이상의 관계를 지도처럼 그리는 것이다. 할아버지와 할머니, 부모님과 나, 그리고 형제와 자녀들까지의 관계를 그린다. 그 안에 각 가족 구성원의 특성과 가족 간의 관계, 그리고 상호작용을 구체적으로 그린다. L은 가계도를 그리며 자기 자신의 가족들에 대해서 새로운 사실을 발견했다. 그동안은 가족의 문제를 권위적이고 무책임한 아버지 탓으로만 생각했다. 그런데 각 구성원과의 관계, 그리고 상호작용을 살펴보니 그렇지만은 않았다. 어머니가 자녀들을 자기편으로 만들고 아버지를 소외시키고 있었다. 그 결과 자녀들도 아버지를 문제가 있는 사람으로 대했다. 물론 아버지의 권위적이고 무책임한 행동의 영향이 컸다. 그러나 다른 가족 구성원들의 관계 형성도 건강하지 못했다. 가족 구성원 모두가 각각의 상호작용을 하며 영향을 미치고 있었다. 게다가 가족 내의 건강하지 못한 규칙과 패턴도 알 수 있었다. 가계도를 그린 L은 눈물을 흘렸다. 그리고 자신과 가족 구성원들의 문제를 똑바로 직면했다. 그 결과 L은 어느 정도 아버지를 이해할 수 있었다.

그렇다. 인간관계에서 일방적인 경우는 별로 없다. 상호적인 것이다. 이 사실을 깨달으면 가족들을 더욱 잘 이해할 수 있다. 왜곡된 이해가 아닌 바른 이해 말이다. 그럴 때 가족들과의 관계도 건강하고 친밀해질 수 있다. 더 나아가 다른 사람들과의 관계도 성숙해지게 된다.

인간관계에 문제가 반복된다면 그동안 내가 해왔던 관계의 패턴을 살펴봐야 한다. 가족관계 안에서의 당신의 관계 패턴은 무엇인가? 가족과 친구는 다르다고 할 수 있지만, 엄밀히 분석하면 연관성을 가진다. 나만의 관계 패턴이 있는 것이다. 나의 관계 패턴을 파악했다면 변화를 주어야 한다. 그것이 대화법일 수 있다. 또는 심리적인 영향 때문일 수 있다.

대화법이 문제라면 대화법에 관해 공부해 변화를 주면 된다. 심리적인 영향이라면 내 심리를 직면해 위로하고 건강한 심리를 가질 수 있도록 대안을 찾으면 된다. 공부하고 실천하면 변화는 일어난다.

상대가 변하길 원한다면 나의 관계 패턴을 바꾸고 접근 방식과 반응을 달리해야 한다. 내가 어떻게 하느냐에 따라 상대의 반응도 달라질 것이다. 사람은 훈계로 변화되기 어렵다. 오히려 상대의 마음속에 있는 청개구리를 일깨울 뿐이다. 상대는 당신에게 반발심과 저항으로 반응할 것이다. 그러니 상대에게 감동을 주자. 상대의 장점에 집중하고 상대가 특별한 존재로 느낄 수 있게 해보자. 대화법을 점검하고 대화법을 공부하자. 그러면 놀랄만한 변화가 있을 것이다. 그것이 상대이든 당신이든 말이다. 나는 상담 공부를 하면서 내가 변하는 놀라운 일을 경험했다. 타인을 돕고 인간관계를 잘하기 위해서 한 상담 공부가 먼저 나 자신을 변화시켰다. 무엇보다 인간관계에서 가장 중요한 것들을 배웠다.

05

공감은 타고나는 것보다
배우고 연습하는 것이다

당신은 누군가에게 선물을 받고 씁쓸했던 적이 있는가? 우리는 보통 누군가에게 선물을 받으면 고맙고 기분이 좋아진다. 상대가 나를 위해서 선물을 준비했다는 그 자체로 감동을 하게 된다. 선물을 준비하기 위해 고민했을 그 마음이 고마운 것이다. 그래서 선물을 준 상대에게 호감을 느끼게 된다. 지혜서라고 불리는 성경인 잠언 19장 6절에도 이렇게 말씀하신다.

"너그러운 사람에게는 은혜를 구하는 자가 많고 선물 주기를 좋아하는 자에게는 사람마다 친구가 되느니라"

선물을 주기를 좋아하는 자에게는 사람마다 친구가 된다고 말씀한다. 선물은 사람의 마음을 얻는 지혜 중의 하나라는 것이다. 누구나 자신을 생각해주고 그 마음을 행동으로 보여주면 감동하기 마련이다. 그러면 그 상대는 내 마음에 좋은 이미지로 남겨진다.

그런데 지인 중의 한 명이 생일선물을 받고 씁쓸했다며 그 사연을 이야기했다. 선물이 자신에게 필요하지도 않은 것인 데다가 제품이 너무 별로였다는 것이다. 성의 없이 느껴졌단다. 게다가 그 지인은 상대의 생일선물을 사는데 꽤 공을 들였었다. 그러니 더 씁쓸해했던 것이다. 선물은 상대가 좋아할 만한 것이나 필요한 것을 해주는 것이 좋다. 그러기 위해서는 상대가 무엇을 좋아하는지 또는 무엇이 필요한지를 알아야 한다. 평소에 상대에게 관심이 있어야 하는 것이다. 그렇지 않으면 선물을 주고도 오히려 상대를 서운하게 할 수 있다. 안 하느니만 못한 선물이 되는 것이다.

인간관계는 상대에 관한 관심으로부터 시작된다. 관심을 받으려면 관심을 주어야 한다. 상대에게 관심을 가질 때 상대를 이해하게 된다. 상대를 이해하면 더 친밀해진다. 상대를 이해하려면 상대의 입장에서 생각해야 한다. 인간관계의 모든 문제는 나 중심적일 때 발생한다. 물론 인간은 본성적으로 자기중심적일 수밖에 없다. 그래서 오히려 조금만 상대의 입장에서 생각할 수 있다면 인간관계는 좋아지게 될 것이다.

　최근에 내가 인연을 맺은 웅진코웨이의 전 CEO이자 현 〈한국구독경제연합회〉 두진문 회장이 있다. 그가 웅진코웨이 CEO 시절 우리나라 경제는 IMF 외환위기를 맞았다. 국내 굴지의 기업들도 무너질 정도로 엄청난 경제위기였다. 당연히 웅진코웨이도 위기일 수밖에 없었다. 당시 웅진코웨이는 정수기를 판매하고 있었다. 그러나 경제위기로 모두가 허리띠를 졸라매던 때라 고가의 정수기를 사는 사람은 없었다. 그때 두진문 회장은 기발한 아이디어를 떠올렸다. 그리고 과감히 실행했다. 정수기 렌탈 서비스를 도입한 것이다. 어차피 창고에 쌓여 있는 정수기를 사람들에게 매달 소액의 비용을 받고 렌탈 서비스를 해준 것이다. 거기에 정수기를 정기적으로 관리해주고 고객을 상담해주는 코디라는 직업을 만들었다. 코디는 '코웨이 레이디'의 줄임말이다. 당시 주 고객군인 가정주부들에게 거부감 없이 서비스를 제공하기 위해서 시행한 것이다. 당시 렌탈 서비스와 코디는 획기적인 아이디어였다. 정수기 렌탈 서비스와 코디는 국내 대부분의 기업들이 위기를 겪을 때 웅진코웨이를 비상하게 만들었다. 이후로 두진문 회장은 한샘 사장, 한국화장품 사장으로 놀라운 성과를 이뤄냈다. 지금은 〈한국구독경제연합회〉 회장과 〈한국유전자협회〉 이사장을 역임하고 있다.

두진문 회장이 웅진코웨이를 비상하게 만든 것은 무엇인가? 당시 고객들의 상황을 파악하고 공감적인 서비스를 제공했던 것이다. 두진문 회장은 제품을 만들 때 사람들의 필요를 먼저 생각한다고 한다. 제품을 만들어 놓고 사람들을 설득하는 것이 아니다. 먼저 사람들의 필요를 생각하고 가치를 만들어야 한다는 것이다. 사람들이 필요로 하지만 없었던 것을 해결해주면 성공할 수밖에 없지 않을까? 나는 두진문 회장의 강연을 들으면서 그가 어떻게 성공했는지 이해할 수 있었다. 성공한 사람은 성공할 만한 이유가 있다. 대부분 상황을 파악하고 대중들의 심리를 공감하는 능력이 탁월하다. 마치 가려운 부분을 긁어주는 것처럼 말이다. 나는 두진문 회장을 통해 역발상의 지혜를 배웠다. 두진문 회장이 말하는 성공의 핵심은 공감 능력이었다.

이렇게 공감은 인간관계뿐만 아니라 경제적인 성공에서도 가장 큰 능력이다. 반대로 공감하지 못하면 선물을 하고도 관계에 부정적인 영향을 미칠 수 있다. 인간관계를 잘하려면 반드시 공감하는 능력을 키워야 한다.

그런데 타인을 공감한다는 것은 쉽지 않다. 어떤 사람은 자연스럽게 공감을 하지만 대부분의 사람들은 공감을 어려워한다. 나도 공감을 어려워하는 대부분의 사람 중의 하나였다. 공감은 쉽게 말하면 상대를 알고 이해하거나 상대가 느끼는 상황 또는 감정을 비슷하게 느끼는 것이다.

그러기 위해서는 먼저 상대에 관해 관심이 있어야 한다. 그리고 상대의 감정을 알아야 한다. 그러나 상대를 아는 능력은 나의 감정을 아는 것에서부터 생겨나기 시작한다. 먼저 자기 자신에 대해서 잘 알고 있어야 한다는 것이다. '나도 나를 모르는데 네가 나를 알겠느냐?'라고 한다면 상대에 대한 공감은 어려울 수밖에 없다. 자신의 감정도 모르는데 어떻게 타인의 감정을 느끼고 이해하겠는가.

내가 공감이 어려웠던 이유가 바로 그것이었다. 어린 시절 나는 "남자는 어떤 상황에서도 울면 안 돼!"라는 말을 들으며 자랐다. 울음을 참다 보니 감정을 억제하는 습관이 생겼다. 그러다 보니 다른 감정을 느끼기가 어색하고, 자각하지 못했다. 그래서 상담을 처음 공부할 때 감정을 파악하는 것이 가장 어려웠다. 그래서 기독교 상담을 공부할 때 감정에 관련된 단어로만 대화하는 훈련을 받았다. 또 상담목회를 하시는 담임목사님의 교회에서 부목사로 사역할 때 심정 대화훈련을 받았다. 심정 대화는 상대의 마음에 공감하고 내가 느낀 감정과 상대의 감정을 말해주는 대화법이다. 가장 힘든 훈련이었지만 하다 보니 발전했다. 무엇이든지 배우고 연습하면 발전한다. 그때 받은 훈련이 상담할 때 큰 도움이 됐다. 내담자들은 자신의 감정을 알아주고 공감해주는 것만으로도 위로받고 변화되기 시작했다.

상담수련을 받으면서 나만 그런 것이 아니라는 것을 알게 됐다. 남성이어서도 아니다. 상담사들 대부분은 여성들이다. 상담대학원과 상담수련을 받을 때 나는 청일점이었다. 여성 상담사들도 공감을 어려워했다.

대학교 학생 생활 상담센터에서 상담수련을 받을 때 일이다. 사례발표를 하는 상담수련생이 50대의 여성이었다. 그녀가 발표한 상담 사례의 주제는 한 여학생의 연애문제였다. 그녀는 발표하면서 말했다.

"솔직히 도저히 이해가 안 돼요. 공감을 해줘야 하는데 너무 어려웠어요."

사례발표 때 지도교수는 대부분 공감을 가장 중요하게 여긴다. 그런데 발표자의 사례는 내담자에 대한 공감이 잘되지 않았다. 상담사가 내담자의 감정이나 마음을 이해하지 못하는 것이 그대로 느껴졌다. 왜 그랬을까? 발표자는 결혼한 지 오래돼 연애감정이 메말라 있었던 것이다. 발표자는 연애한 지 20년이 넘어 어떤 감정인지 이해가 잘되지 않았던 것이다.

그때 나는 '그래서 결혼할 때 부모들이 그렇게 현실적인 면을 중요시하는구나.'라는 것을 깨달았다. 부모들도 연애감정이 메말라 있는 것이다. 나도 결혼할 때 현실적인 면 때문에 어려움을 겪었다. 사실 나는 아내와 열두 살 차이에 가난한 목사여서 당연한 일이기도 했다.

대부분의 상담사들은 상담수련을 받을 때 공감을 가장 어려워한다. 그러나 이론공부와 실전으로 열심히 수련을 받는다. 상담사 자격증을 획득하려면 이론적인 공부뿐만 아니라 채워야 할 실습시간이 엄청나다. 그런 훈련을 통해 상담사로서 공감 능력이 발달하는 것이다.

그러니 인간관계를 잘하려면 반드시 공감을 공부하고 연습해야만 한다. 소중한 사람과의 관계를 좋게 하려면 공감을 배우고 연습해야 한다. 공감은 타고나는 것보다 배우고 연습하는 것이다. 공감은 상대의 입장에서 생각하고 상대의 감정을 이해하는 것이다. 그래서 상담에서는 '공감적 이해'를 강조한다. 그러나 당신이 상담사가 될 필요는 없다. 단순히 상대의 입장에서 생각하고 상대의 감정을 알아가는 것만으로도 공감 능력은 발달한다. 공감을 잘하는 방법 중 한 가지는 한때 유행했던 '그랬구나.'를 생각하는 것이다. 물론 그냥 '그랬구나.'라고만 하면 상대의 기분이 상할 수도 있다. 상대가 한 말을 그대로 요약해주기만 해도 된다. 이를 '반영'이라고 한다. 반영만 잘해줘도 상대는 이해받는다고 느낀다. 또한, 〈좋은연애연구소〉 소장 김지윤은 여성의 끝말만 따라 해줘도 효과가 있다고 한다. 인간관계를 잘하려면 상대에 대해 곰곰이 생각해보자. '상대의 마음이 어떨까?' 그러면 당신의 공감 능력은 발달할 것이다. 공감 능력이 발달하면 인간관계는 반드시 좋아질 것이다. 누구를 만나도 자연스럽게 사랑받는 사람이 될 것이다. 공감을 배우고 연습해 행복한 인간관계를 만들어보자.

06

잘못을 인정하는 것이
실패는 아니다

"상담을 공부했다는 사람이 그러면 되겠어?"

내가 상담을 공부한 후 가장 듣기 싫은 말이다. 그런데 가족들에게 두세 번 들었다. 나는 완벽한 사람이 아니다. 나와 타인의 심리에 대해서 열심히 공부하고 훈련했을 뿐이다. 공부하고 훈련한다고 완벽해지지는 않는다. 계속해서 성장해야 할 여지가 있는 한계를 지닌 사람일 뿐이다. 앞서 말한 상담의 대가인 교수님이 하신 말씀이 그래서 더 공감이 간다.

"상담을 공부하기 전에는 왜 화나는지 모르고 화를 냈는데 이제는 왜 화가 났는지 알면서 화를 내."

이 말은 정답에 가깝다. 그렇다고 내 잘못을 합리화할 생각은 없다. 이 말을 들으면 기분이 나쁘지만, 상대가 말한 의미와 내 언행에 대해서 돌아본다. 내가 잘못한 것이 있는지, 그리고 상대가 나를 조종하려고 하거나 자기합리화를 하려고 하는 건 아닌지 생각해본다. 그에 따라 내 대처는 달라진다.

우리는 누구나 잘못을 한다. 그것이 인간인 우리의 한계다. 완벽을 추구하는 것이 아니라 내가 할 수 있는 최선을 추구하는 것이 좋다. 완벽주의는 자신을 괴롭게 할 가능성이 크다. 완벽하게 하려고 하다 보면 오히려 실행력을 떨어뜨린다. 또한, 시간이 오래 걸려서 쉽게 지치거나 포기하게 되는 경우도 많다. 성공한 사람들의 특징은 완벽함이 아니라 최선을 추구한다는 것이다. 실행하면서 수정해가는 지혜가 있다. 실수나 잘못을 두려워하지 않는다. 자신이 완벽한 존재가 아니라는 것을 인정하고 도전한다. 실행하는 과정에서 잘못이 있더라도 그것을 인정하고 분석해 수정해간다. 그러니 점점 발전하고 좋은 성과도 내는 것이다.

완벽주의는 가면적 인격을 만들어 나답게 사는 것을 막는다. 그러니 인간관계에서도 친밀한 관계를 맺기가 어려워진다. 자기 자신의 연약한 모습이 보일까 봐 자신을 개방하지 못하기 때문이다. 자기개방을 하지 않는 사람에게 누가 마음을 열겠는가? 완벽주의는 결국 피상적인 관계를 만들 뿐이다.

　계단을 오를 때는 한 계단씩 올라야 한다. 건강하고 힘이 넘친다면 두 계단도 괜찮다. 그러나 세 계단을 한 번에 오르려고 하면 넘어진다. 자기가 할 수 있는 최선을 다하되 자기 자신을 있는 그대로 인정하고 수용해야 한다. 그것이 건강하게 성장할 수 있는 비결이다. 그러니 이 책을 두고두고 읽으며 하나씩 실천해보자. 그러면 당신은 하루하루 성장하고 달라질 것이다. 어느 순간 당신 곁에는 좋은 사람들이 많아질 것이다. 또한, 당신을 통해 위로받고 힘을 얻는 사람들이 당신에게 고마워할 것이다. 나도 아내와 함께 배운 결혼예비학교 책자를 두고두고 읽는다. 읽을 때마다 하나씩 다시 깨닫는다.

　인간관계에서는 일방적인 잘못은 별로 존재하지 않는다. 이해와 공감은 항상 나와 상대에게 같이 적용되어야 한다. 나도 잘못할 수 있고 상대도 잘못할 수 있다. 그것을 인정하고 잘 표현할 때 인간관계는 더 친밀해지고 마음과 마음이 만나는 관계가 된다.

　앞서 이야기했던 목회상담의 "이해가 되세요?" 교수를 다시 생각해보자. 이해하는 것이 인간관계에서는 가장 중요한 요소이다. 그러나 목회학 교수의 "이해가 되세요?"라는 말은 내게 정말 어려웠다. 그중에서도 과제로 내주었던 책을 이해하는 것이 가장 어려웠다. 바로 교육심리학자 이훈구 교수의 『미안하다고 말하기가 그렇게 어려웠나요』라는 책이다. 잠든 부모를 토막 살인한 청년의 이야기를 다룬 책이다. 최초의 부모토막살인 사건으로 2000년 초에 한국 사회에 큰 충격을 준 사건이었다. 이훈구 교수는 감옥에 갇힌 청년과의 면담과 그의 일기, 그리고 그의 주변 인들과의 면담을 통해 이 사건이 심각한 가정폭력과 아동학대의 소산이라고 결론을 내렸다.

청년은 이훈구 교수와의 면담에서 이렇게 말한다.

"한 시간 정도 꾸지람을 받았는데 제 생각에는 저에 대한 이해 없이 아버지 생각만 말을 해서 제가 항의를 하려는데 어머니가 들어와서 그 얘기를 듣다가 두 분이 저에게 케케묵은 것을 가지고 그러냐며 몰아붙여서 저는 다시 '제 아버지, 제 어머니가 아니구나.'라고 생각했습니다. (미안하다는 말 한마디가 그렇게 힘이 드는지….) 저는 당시 심한 좌절감을 느끼고 모든 것이 끝장이구나 하는 생각이 들어 실망감에, 모든 것을 다 끝내고 삶을 끝장내고 싶은 생각이 들었고 그 후에는 방에만 틀어박혀 있으면서 부모님을 피하고 방에 처박혀 있었습니다."

그리고 그는 아버지에게 폭행을 당한 후에 들었던 생각을 이렇게 말한다. "아버지가 나를 때리고 구박하는 것은 그럴 수도 있어요. 그러나 때리고 나서라도 그래도 나는 너를 사랑한다는 말 한마디만 했어도 나는 행복할 수 있었어요."

청년의 심정이 어떤지 그대로 전달되는 대목이다. 청년은 부모로부터 폭언과 폭행에 시달렸다. 또한, 어머니의 욕심으로 어린 시절부터 스파르타식 훈련을 받았다. 그러나 어떤 칭찬이나 인정도 받지 못했다. 심지어 그는 어릴 때부터 공부를 잘했고 고려대에 입학한 수재였다. 그러나 서울대에 입학하지 못했다는 이유로 실패자 취급을 받았다. 이훈구 교수는 "그의 부모는 자식들을 걸레 쥐어짜듯 했다."라고 표현한다.

14년 전 읽은 책이지만 아직도 마음이 두근거린다. 청년의 심정은 이해가 되지만 부모를 토막 살인한 행동은 지금도 소름이 끼친다. 그러나 부모가 한 번만이라도 자신의 잘못을 인정하고 미안하다고 했다면 어떻게 됐을까? 미안하다는 말 한마디가 얼마나 큰 힘이 있는지 우리는 깨달아야 한다. 잘못을 인정하고 미안하다고 하면 되는 일을 별스럽지 않은 일로 치부해 가족관계가 틀어지는 일은 비일비재하다.

사실 가까운 사이일수록 미안하다고 말하기가 어색한 경우가 있다. 그래서 마치 아무 일 없었던 듯이 지나가는 경우가 많다. 그러면 마음에 응어리가 남는다. 부정적인 감정이 쌓이고 쌓여 더는 친밀하고 신뢰하는 관계를 유지하지 못하게 된다. 그러니 가까운 사이이기 때문에 더 미안한 마음을 표현하려고 애써야 한다. 별스럽지 않다고 생각한다면 더 미안하다고 말하자. "비 온 뒤에 땅이 굳는다"라는 속담은 갈등이 제대로 해결된 경우에만 맞는 것이다. 갈등을 해결하는 과정에서 자신의 잘못을 인정하고 서로에 대해 더 이해하게 된다.

나는 아내와 다투고 난 다음에는 부정적인 감정을 가라앉히고 곰곰이 생각한다. 그러면 대부분의 경우 나의 잘못도 있다. 아내만 잘못해서 다툼이 일어나는 일은 별로 없다. 그것이 깨달아지면 바로 아내에게 사과한다. 그러면 아내와 더 깊은 이야기를 하게 되고 아내를 이해하게 된다. 아내 또한 나를 더 이해하게 된다. 아내와 한 걸음 더 가까워진 것이다.

'지는 것이 이기는 것이다'라는 말이 있다. 사과하지 않는 사람들의 마음에는 잘못을 인정하면 지는 것이라는 생각이 있다. 그러나 절대로 그렇지 않다. 오히려 잘못을 얼마나 인정하고 수정하는지가 그 사람의 인격이고 인간관계의 능력이 된다.

그러나 잘못을 인정하는 것도 진심과 기술이 필요하다. 먼저 진심이 우러난 사과를 해야 한다. 회피성의 "미안해."라는 말은 상대를 더 기분 나쁘게 할 뿐이다. 상대는 다툼이 싫어서 그냥 넘어가려는 것을 안다. 진정한 반성을 하자. 그냥 넘어가는 것은 인간관계에 결코 좋은 영향을 미치지 못한다. 그것이 극단적인 결과를 낳을 수 있다. 황혼이혼 대부분이 그런 이유가 아닐까? 그러니 이런 사과는 문제를 피하고 관계를 망치는 어리석은 행위일 뿐이다. 진실한 사과를 해야 한다. 진실한 사과는 자신의 잘못을 인정하고 나의 잘못으로 인해 상대방이 받은 감정을 듣는 것이다. 또한, 자신의 감정도 솔직하게 털어놓아야 한다. 이때 변명이나 합리화는 다툼을 더 크게 만드니 조심하자.

또한, 당신이 사과해도 상대가 사과를 받아들이지 않을 수도 있다. 상대의 부정적인 감정이 아직 가라앉지 않았다는 사실을 인지해야 한다. 상대도 감정을 추스를 시간이 필요하다. "네가 이래서 그랬잖아."라는 생각을 버리자. 잘못했을 때는 사과만 하자.

"내가 그렇지 뭐…. 내가 죄인이다. 내가 다 잘못했네."
이 또한 진실한 사과가 아니다. 그저 자책일 뿐이다. 이는 자존감이 낮은 사람들의 특징이다. 이렇게 하는 것은 서로에게 도움이 되지 않는다. 잘못을 진심으로 인정하고 사과를 할 때 수정할 수 있고, 반복하지 않을 수 있다. 잘못을 한 사건만 말하면 된다. 잘못한 그 언행 자체가 내가 아니라는 사실을 반드시 기억하자. 사람은 누구나 실수하고 잘못을 저지른다.

잘못을 인정하는 것이 실패는 아니다. 오히려 진정한 실패는 잘못을 인정하지 않는 것이다. 잘못을 인정하지 않으면 같은 잘못을 반복할 가능성이 훨씬 더 커지기 때문이다. 잘못을 인정하면 잘못에서 교훈을 얻을 수 있다. 그러면 오히려 인격과 실력은 더 성장할 것이다. 인생은 단거리 경주가 아니다. 한순간에 결정 나지 않는다. 마라톤과 같이 긴 시간을 경주하는 것이다. 실수해서 넘어져도 다시 일어나 자신의 실수를 교정하고 바른 방법으로 달리면 좋은 결과를 얻을 수 있다. 자기 수용을 하자. 누구나 약한 부분이 있다. 누구나 잘못을 한다. 완벽한 사람은 절대 존재하지 않는다. 무엇보다 당신 자신을 있는 그대로 인정하고 받아들일 때 더 나은 당신이 될 수 있다. 그러니 잘못을 인정하는 것은 당신을 성장하게 한다. 실패가 아니라 성공으로 갈 수 있는 기회를 제공한다.

탈무드의 교훈을 기억하자.

"승자는 어린아이에게도 사과할 수 있지만, 패자는 노인에게도 고개를 숙이지 못한다."

07

상대가 특별한 존재로
느끼게 하라

"어느 곳에서든 밝게 빛나는 사람이었으면 좋겠어요. 사람들이 아무리 많아도 빛나는 사람이요."

십 년 전 후배가 어떤 사람을 만나고 싶으냐고 질문한 내게 한 말이다. 그는 특별한 사람을 배우자로 맞고 싶어 했다. 결혼은 두 사람의 인생에 가장 큰 영향을 미친다. 남성이든 여성이든 어떤 배우자를 만나느냐에 따라 삶이 달라질 수밖에 없다. 그래서 결혼하기 전에는 두 눈을 똑바로 뜨고 결혼하면 한쪽 눈을 감으라는 말도 있는 것이다. 그만큼 신중해야 한다는 것이다. 누군가와 결혼을 한다는 것은 인생에 가장 중요한 선택이다. 상대가 특별한 사람이 아니라면 쉽게 결정할 수 없다. 상대와 더 오래 있고 싶고 모든 것을 공유하고 싶은 마음이 들 만큼 특별할 때 결혼을 결정하게 된다.

그런데 안타깝게도 결혼을 하고 몇 년이 지나면 그 특별함은 사라진다. 오죽하면 '결혼은 미친 짓이다'라는 말도 있을까? 왜 그럴까? 많은 사람이 말하는 사랑이 사라진 걸까? 아니면 서로의 단점을 보고 실망해서일까? 사람들 대부분은 결혼을 결심할 때 단점도 문제가 되지 않는다고 생각한다. 자기 자신에게 너무나 특별한 존재이기 때문이다. 하늘의 별도 따다 줄 마음이었는데 단점 정도로 마음이 변한다니 어불성설이다.

앞서 말한 바와 같이 결혼 전과 결혼 후는 심리적인 변화가 일어난다. 인간의 본성인 자기 중심성이 앞서기 때문이다. "네가 나를 사랑한다면 나한테 더 잘해야 해", "네가 나를 사랑한다면 나를 이해해줘야 해." 바로 이런 심리가 부부관계를 해롭게 한다. 사랑을 받으려고만 하는 것이다. 받기만 하는 사랑은 진정한 의미에서 사랑이 아니다. 사랑은 함께하는 것이다.

조선 후기 실학자 다산 정약용은 이렇게 말했다.
"누군가를 꽃으로 부르면 그는 꽃이 될 것이다."

상대를 특별하게 부르면 특별한 존재가 된다. 나는 이런 경험을 강렬하게 했다. 사춘기 시절 가난한 집안 형편과 아버지에 대한 미움으로 방황을 많이 했다. 미래를 준비하기는커녕 당장의 즐거움만 찾으며 시간을 허비했다. 그러나 어머니는 나에 대한 확신이 크셨다. 내가 아무리 말썽을 부리고 속을 썩여도 한결같이 나를 믿으셨다. 그뿐만 아니라 늘 내게 말씀하셨다. "너는 존귀한 하나님의 자녀야!", "너는 하나님께 택함을 받았고 귀하게 쓰임 받을 거야!", "너는 특별한 존재야!" 그 당시에는 그 말이 별로 귀에 들어오지 않았다. 아니 의도적으로 반대로 행동했다. 그러나 어머니의 지속적인 신뢰와 말이 내 마음에 나도 모르게 새겨졌다. 그것이 내가 힘들 때마다 큰 힘이 됐다. 결국, 나는 하나님의 사랑을 깨달아서 변했고 내 삶을 하나님께 드렸다. 어머니의 믿음과 말대로 된 것이다. 믿음과 말의 힘은 엄청나다. 믿는 대로 된다. 말하는 대로 된다.

말하다 보면 내 마음이 먼저 변하게 된다. 말하기 전에 생각하고 말하면서 내 귀와 마음에 들리기 때문이다. 내가 하는 말은 나 자신에게 두세 번 반복된다. 그래서 상대를 꽃으로 부르다 보면 정말로 믿게 된다. 말로는 꽃이라고 하면서 속으로는 부정적으로 생각하지 않는다면 말이다. 그러니 상대를 대하는 태도가 변한다. 그러면 상대는 감동을 받는다. 인간의 기본적인 욕구는 인정과 사랑이다. 상대가 나를 인정해주고 사랑해주면 마음이 열린다. 그것이 진심으로까지 느껴지면 감동을 받게 된다. 나는 하나님의 사랑을 깨닫고 정말 큰 감동을 받았다. 내가 살면서 절대로 하지 않겠다는 것이 2가지가 있었다. 하나는 절대로 목사가 되지 않겠다는 것이다. 또 다른 하나는 혹시 목사를 하게 되더라도 교회 개척은 절대로 하지 않겠다는 것이었다. 개척교회 목사 아들로서 청소년기를 보내며 힘든 현실을 직접 경험했기 때문이다. 그런데 그 2가지를 다 하고 있다. 나는 굉장히 고집이 세다. 내가 이해되지 않으면 누군가 아무리 강요해도 잘 하지 않는다. 그러나 하나님의 크신 사랑을 깨달으니 감사해서 자원하게 된 것이다. 그렇다. 누구나 감동을 받으면 변하게 되어 있다. 그러니 상대의 마음을 얻으려면 감동을 주어야 한다. 감동을 주는 가장 좋은 방법은 상대를 특별하게 대하는 것이다. 자신을 특별하게 불러주고 대해주는 사람에게는 감동을 받을 수밖에 없다. 자기 존중감이 낮아서 받아들이지 못하지 않는다면 말이다.

이민규 교수는 자신의 저서 『끌리는 사람은 1%가 다르다』에서 이렇게 말한다.

"사람들은 자기를 좋아한다는 말을 들으면, 그것을 진실이라고 믿는 경향이 있다. 사탕발림이라는 것을 알면서도 사람들은 칭찬을 듣고 싶어 한다."

이어서 심리학자 레베카의 실험을 소개한다.

서로 초면인 대학생들에게 짝을 지어 5분간 자기소개를 하면서 대화를 하게 했다. … 그때 실험 참여자들에게 그들의 파트너가 '좋아한다.'라고 하거나, 또는 '싫어한다.'라고 말하더라고 슬쩍 귀띔해주었다. 그런 다음 다시 짝을 이뤄 시사 문제에 대해 10분씩 이야기를 주고받게 하고 이를 녹화했다. 그리고 실험 목적이나 절차에 대해 전혀 모르는 제3의 평가자들에게 녹화 테이프를 보여주면서 이들의 행동을 평가하게 했다. 예상대로 상대방이 자기를 좋아한다고 믿는 사람들은 자기 자신에 대해 훨씬 더 많은 것을 털어났다. 또 상대방에게 훨씬 더 다정하게 대했다. 그뿐만 아니라 상대방의 말을 더 잘 들어주고, 상대방의 말에 훨씬 더 동조를 많이 했다.

초면임에도 불구하고 자신을 좋아하는 사람에게 호감으로 대한다는 것이 증명된 것이다. 이민규 교수는 이를 '호감의 상호성'이라고 한다. 누구나 자신을 좋아하는 사람에게 호감을 느낀다. 나도 그렇다. 나를 좋아해주는 사람을 좋아한다. 작년 11월에 내 책 『성경에서 찾은 더 크게 성공하는 법』을 읽은 독자가 카카오톡을 보냈다.

"안녕하세요. 강훈 목사님. 저는 대구에서 〈대명언어발달센터〉를 운영하고 있는 언어재활사 최현혜입니다. … 얼마 전 지인으로부터 추천받은 목사님의 책『성경에서 찾은 더 크게 성공하는 법』을 읽고 '실행에 옮겨라.', '하나님이 주신 나의 달란트를 좋은 곳에서 쓰임 받아라.' 이 2가지가 너무나도 와 닿아서 이렇게 연락을 드리게 되었습니다. 하나님이 주신 저의 달란트 '목소리'를 좋은 곳에 쓰임 받길 간절히 원합니다. 강훈 목사님의 책『성경에서 찾은 더 크게 성공하는 법』을 제가 낭독하여 … 코로나로 인해 목사님의 책을 오디오로 듣지 못하는 여러 시각장애인과 필요로 하는 다른 많은 사람에게 제공되었으면 합니다. 거절하셔도 그럴 만한 이유, 주님의 깊은 뜻이 있다고 생각하고 받아들이겠습니다. 편하게 답 부탁드립니다. 감사합니다."

책을 읽고 와 닿은 것을 적용하려는 마음과 다른 사람들을 돕고 싶어 하는 마음이 그대로 전달됐다. 정말 큰 감동을 받았다. 그래서 바로 답변했다. 이후로 최현혜 강사와 지금까지 연락을 주고받고 있다. 도움이 될 만한 정보나 특강이 있으면 최현혜 강사에게 제일 먼저 알려줬다. 그래서 최현혜 강사는 자신의 달란트를 더 잘 살릴 수 있는 제네틱 웰니스 컨설턴트(유전자 컨설턴트)가 됐다. 성공은 아이디어가 아닌 실행하는 것에 있다.

인간관계도 마찬가지다. 좋은 관계를 맺고 싶은 사람이 있다면 내가 먼저 적극적으로 행동해야 한다. 가만히 있으면서 호감 가는 상대와 좋은 관계를 맺기를 바라면 안 된다. 내 책을 읽고 감사하다며 연락하는 분들이 많다. 용기를 내 연락하는 분들에게 진심으로 감사하다. 그래서 나는 그들에게 조금이라도 도움을 주려고 한다.

상대의 단점보다 장점에 집중하라. 상대의 장점을 찾는 것이 상대를 좋아하고 특별하게 대하는 비법이다. 인간관계를 잘하려면 상대의 장점을 찾는 능력을 길러야 한다. 사소한 장점이라도 구체적으로 칭찬하라. 칭찬은 고래도 춤추게 한다. 칭찬의 기술을 익히고 연습해야 한다. 가는 말이 고와야 오는 말도 곱다는 속담은 진리에 가깝다. 말 한마디에 천 냥 빚도 갚는다.

더 나아가 행동으로 보여줘라. 행동은 보여주는 메시지이다. 내가 고등학생 때 알던 40대 후반의 남성이 있었다. 그는 평소에 아내가 좋아하는 것을 유심히 살펴봤다. 아내가 길을 가다 옷 가게에서 관심을 보이는 옷이나 액세서리가 있으면 봐뒀다가 선물을 했다. 그때만 해도 남성이 아내에게 사랑을 표현하는 것이 서툴렀다. 그야말로 가부장적인 시대였다. 그러니 그런 행동이 아내에게 특별한 감동을 줬다. 그 부부는 그때까지 내가 본 부부 중에 가장 화목하고 행복해 보였다. 상대가 특별하게 느끼게 하는 최고의 한 방은 행동이다.

이 세상에 특별하지 않은 사람은 없다. 하나님은 모든 인간을 특별하게 창조하셨다. 당신도 특별하다. 당신 앞에 있는 상대도 특별하다. 그러니 상대를 특별하게 부르자. 그러면 상대는 특별한 존재가 되어 당신을 특별하게 대할 것이다. 누구나 자신을 특별하게 대하는 사람을 좋아하기 마련이다. 진심을 알 수 있도록 말하고 행동으로 증명하자. 당신이 상대에게 특별한 존재가 되고 싶으면 먼저 상대가 특별한 존재로 느끼도록 하자. 특별한 인간관계로 특별한 행복을 누리자. 이제 생각을 긍정적으로 바꾸고 관계의 패턴을 바꿔보자. 그러기 위해서는 사람공부를 해야 한다. 인간관계의 대부분은 사람공부로 해결되기 때문이다.

4장

누구와도 통하는
관계의 기술

01

관계는
기술이다

"외면보다 내면이 중요하다."

"내면을 가꿔라."

우리가 흔히 듣는 익숙한 말이다. 어쩌면 이 시대가 외모지상주의로 치우쳐져 나오는 반동 현상일지 모른다. 당신은 어떻게 생각하는가? 외면보다 내면이 중요다고 생각하는가?

내게 '인간관계훈련'과정을 배운 S는 처음 봤을 때 인상이 좋지 않았다. 정돈되지 않은 머리에 면도하지 않아서 수염이 까맣고 얼굴빛은 어두웠다. 옷차림도 깔끔하지 못했다. 구멍 난 옷을 입고 온 적도 있었다. S는 겉모습은 중요하지 않다고 생각했던 것 같다. 내게 '인간관계훈련'과정을 배울 때 자신의 장점을 '꾸미지 않아도 괜찮은 외모'라고 했다. S는 인간관계를 잘 맺고 싶었지만, 그에 따른 노력은 하지 않았던 것이다. 그러니 친밀한 관계를 맺는 사람이 없었다.

내게 자신의 인상이 안 좋아서 사람들이 자신을 어려워한다고 말하는 사람들이 있다. 그중에 영업과 관련된 사업을 하는 사람도 있다. 그들을 보면 무표정인 경우가 많다. 어떻게 보면 기분이 좋지 않은 것으로 보이기도 한다. 그러니 사람들이 편안하게 대하기가 어렵다. 인상 때문에 왜 그런 오해를 받을까? 새로운 관계를 맺을 때 첫인상은 정말 중요하다. 하나님은 마음을 보시지만 사람은 겉모습을 볼 수밖에 없다. 당신 자신을 생각해보면 된다. 당신은 누군가를 처음 만날 때 무엇을 보는가? 상대의 마음을 보고 싶지만, 겉으로 보이는 인상에 따라 상대에 대한 느낌은 달라질 수밖에 없다. 상담전문가일지라도 관계를 맺어가는 초기에 상대의 내면을 알기는 어렵다. 스스로 마음을 열고 속마음을 말하기 전까지 말이다. 상담이론과 상담경험을 토대로 예상할 뿐이다. 그래서 상담사는 상담 초기에 내담자의 마음을 열기 위해 온갖 노력을 한다. 오죽하면 열 길 물속은 알아도 한 길 사람 속은 모른다는 속담이 있을까?

조선 후기 실학자 다산 정약용은 『논어고금주』에서 이렇게 말했다.

"내면(문)과 외면(질)이 잘 어울린 후에야 군자다워진다."

내면과 외면을 일치시켜야 한다는 것이다. 인상은 얼굴의 생김새 또는 얼굴의 근육이나 눈살과 같은 것을 포함한다. 쉽게 말하면 표정과 관련이 있다. 표정에는 심리적인 상태가 겉으로 드러날 수밖에 없다. 여유롭고 행복한 사람이 표정이 안 좋은 경우는 별로 없다. 건강한 신체에 건강한 정신이 깃든다는 말이 있다. 우리의 몸과 마음은 따로 떨어질 수 없다. 몸이 건강해야 마음도 건강해지는 것이다. 마음이 밝아야 얼굴빛도 밝아지는 것이다. 생각은 감정을 만들고 감정은 표정을 만든다. 생각과 감정, 그리고 표정은 함께 가게 되어 있다. 내면이 중요하지만 외면도 중요하다. 내면과 함께 외면도 가꿔야 한다.

첫인상 이후에 관계를 더 친밀하고 행복하게 형성하려면 의사소통 기술이 필요하다. 한때 나쁜 남자가 매력이 있다며 인기를 끌었다. 그러나 나쁜 남자와 결혼해서 평생을 같이 산다면 어떨까? 평생을 후회할 가능성이 농후하다. 나쁜 남자 이후에는 '츤데레'가 인기를 끌었다. '츤데레'는 쌀쌀맞고 인정이 없어 보이지만 실제로는 따뜻하고 다정한 사람을 가리킨다. 예를 들면 여성에게 꽃을 건네면서 쌀쌀맞은 표정으로 이렇게 말한다. "오다가 길에서 주웠어." 그런 것을 매력적으로 느끼는 것이다. 친절하지는 않지만 나를 생각하는 상대의 마음이 느껴지기 때문일 것이다. 생색내지 않는 매력도 있다. 그러나 '츤데레'도 친밀한 관계를 지속하기는 어려울 가능성이 크다. 생각해보면 과거의 우리 부모 세대들은 '츤데레'가 많았던 것 같다. 다정한 말을 하는 것이 쑥스러웠던 것일까? 아니면 굳이 말할 필요가 없다고 생각한 걸까? 그러나 이런 관계방식은 의도하지 않게 상대에게 오해를 살 수도 있다.

얼마 전에 L이 내게 상담을 했다. 교회에서 한 권사님이 L에게 김을 주면서 이렇게 말했다고 한다. "어차피 우리 집이 좁아서 둘 곳도 없어." 그 말에 L은 마음이 상했다. L에 의하면 자기 편하려고 준 것이라는 생각이 들었단다. L에게 김을 챙겨준 권사님은 자기가 좋아하는 것을 L을 생각해서 챙겨준 것이다. 자신의 자녀들에게 그것을 줄 수도 있었다. 자녀들이 김을 좋아했기 때문이다.

여기서 문제는 무엇인가? 의사소통 기술이다. 의사소통 방식에 문제가 있으면 상대에게 베푸는 호의가 오히려 상대의 마음을 상하게 할 수 있다. 자기 자신의 의사소통 방식을 점검하고 바른 방식으로 수정해야 한다. 한 사람의 의사소통 방식은 어린 시절 부모와의 관계에서부터 시작해 오랫동안 반복된 것이다. 그러니 인간관계가 어렵다면 한 번쯤 의도적으로 점검해보는 것이 좋다. 혹시 미숙한 부분이 있다면 수정하려고 노력해야 한다. 진심이 있어도 그것을 어떻게 표현하느냐에 따라 상대가 받아들이는 온도는 완전히 달라진다.

워싱턴 주립대학교 심리학 교수 존 가트맨은 이렇게 말했다.

"부부가 이혼하는 이유는 내용 때문이 아니라 싸움 방식 즉 대화의 방식 때문이다."

부부가 이혼하는 이유가 내용 때문이 아니라 대화의 방식 때문이라고 한다. 마음은 그렇지 않은데 사랑을 전하는 방식이 잘못되어서 관계가 틀어진다면 얼마나 불행한가? 의사소통의 문제로 오해가 쌓이면 상처가 쌓이고 극단적인 결과로 이어질 수 있다. 그러니 반드시 의사소통 기술을 배워야 한다.

인간관계에서 진심은 정말 중요하다. 그러나 진심만으로는 부족하다. 그 진심을 전할 수 있는 기술을 반드시 익혀야 한다. 인간관계 기술이 당신의 진심을 진심으로 전할 수 있게 하기 때문이다.

신학대학원을 다닐 때 인간관계가 정말 좋은 한 동기가 있었다. 그의 주변에는 좋은 사람들이 많았다. 친밀하고 행복한 인간관계를 맺고 있는 그가 부러울 정도였다. 그래서 나는 그를 유심히 관찰했다. 일단 그는 인상이 좋았다. 부드러운 표정과 미소로 상대를 대했다. 그리고 의사소통을 잘했다. 그는 부드러우면서도 명확하게 자기표현을 했다. 예쁘게 말한다는 것이 무엇인지 그를 보면 이해가 됐다. 그뿐만 아니라 상대의 말에 집중하고 경청했다. 또한, 상대의 말에 적절한 반응을 하며 긍정적으로 공감했다. 그는 사랑받을만했다.

김항중과 김윤희, 그리고 권정임이 공저한 『인간관계를 이끄는 힘』에는 이런 내용이 나온다.

"신뢰를 주는 인간관계 기술은 상대방에게 보이는 표정 하나로도 충분할 때가 있다. 자신도 편안하고 다른 사람들도 편안하게 해주는 사람이 인간관계를 잘하는 사람이다. 편안한 사람은 미소로 안정적인 마음을 표현한다. 미소는 가장 간단하고 즉시 실행에 옮길 수 있는 친절과 배려의 표현이다. 긍정적인 인간관계를 형성할 수 있는 사람은 일상의 장면에서 세심하게 인간관계 기술을 적용하고자 노력하며 의사소통 태도와 기술에 대한 연습과 훈련을 게을리하지 않는다."

인간관계는 진심만으로 되지 않는다. 진심을 전할 수 있는 기술이 필요하다. 인간관계를 잘 맺고 행복하기를 원한다면 표정에서부터 미소, 그리고 인간관계 기술을 배우고 적용해야 한다. 의사소통 태도와 기술에 대한 연습을 열심히 해야 한다. 특히 소중하고 사랑하는 사람들과 행복한 관계를 맺고 싶다면 반드시 인간관계 기술을 연마해야 한다. 당신은 어떤 인간관계를 맺고 싶은가? 진심을 오해받아 소중한 사람과의 관계를 망치고 싶은가? 아니면 진심을 잘 전달해 소중한 사람과의 관계를 더욱 친밀하게 하고 싶은가? 나는 당신이 인간관계 기술을 연마해 소중한 사람과 더 친밀해지고 행복해지길 바란다. 당신이 어떻게 하느냐에 따라 소중한 사람과의 관계가 달라진다는 사실을 반드시 기억하자.

02

나와의 관계부터
회복하라

    I는 자기 존중감이 낮다. 무엇을 하든지 자신감이 없다. 다른 사람들처럼 자신감 있게 척척 해내고 싶다. 그러나 '나 같은 게 뭘…', '내가 그러면 그렇지.', '역시 나는 안 돼.'라는 내면의 소리가 괴롭힌다. 앞으로 뭘 해야 할지 고민된다. 미래를 생각하면 불안하고 두렵기만 하다. 어느 날 친한 친구가 I에게 말했다. "되게 못생겼네." 놀라지 마라. 친구가 I에게 한 말이 아니다. I가 거울을 보며 자기 자신에게 한 말이다. 친구는 I가 거울을 볼 때 자주 그런 말을 한다며 왜 그러냐고 했단다. I는 깜짝 놀랐다. 그동안 자기가 그러는지도 모르고 있었다. 주변 사람들은 I를 좋아했

지만, I는 자기 자신은 사랑받을만한 것이 없다고 생각했다. 그러니 때때로 외로웠다. 그뿐만 아니라 다른 사람들과 자기 자신을 비교하며 힘들어했다.

어떤 사람은 다른 사람의 표정이나 말에 너무 민감하다. 누군가의 표정이나 말이 거슬리면 부정적인 정서가 올라와 쉽게 분노를 표출한다. 이러한 반응도 자기 존중감이 낮기 때문이다. 나와의 관계가 좋지 않으면 나타나는 반응은 사람마다 다르지만, 결과는 비슷하다. 먼저 나 자신이 고통스럽게 된다. 그리고 인간관계에 문제가 발생한다. 건강한 방식으로 감정이 표출되지 않기 때문이다. 자기감정을 통제하지 못하는 것이다.

일본 최고의 아들러 권위자 기시미 이치로는 『아들러에게 인간관계를 묻다』에서 이렇게 말한다.

"항상 나를 가로막는 것은 나였다."

언제나 선택하는 것은 나 자신이다. 누구도 내 기분을 억지로 선택하게 할 수 없다. 그러나 상대의 언행에 좋았던 기분이 엉망이 된다면 내 감정의 주인은 내가 아닌 것이다. 상대의 반응에 내 감정이 좌우되기 때문이다. 내 감정의 주인은 내가 되어야 한다. 상대는 생각보다 나에 대해서 잘 모른다. 또한, 대부분 아무 생각 없이 한 언행인 경우가 많다. 무엇보다 나에 대한 남의 평가는 그 사람의 생각일 뿐이다. 그 사람의 생각이 나인 것은 아니다. 그러니 다른 사람의 평가에 민감할 필요는 없다.

내가 초등학교 저학년 때 일이다. 가족들과 병문안을 하러 갔는데 어떤 중년 여성이 형과 나를 보며 말했다.

"형은 이렇게 잘생겼는데 동생은 왜 이렇게 생겼어?"

어린 나는 큰 충격을 받았다. 그렇지 않아도 형에 대한 열등감이 있었는데 외모까지 비교당하니 자기 존중감이 뚝 떨어졌다. 형은 이목구비가 뚜렷해 첫눈에 띄는 외모이고 나는 볼수록 매력 있는 외모이다. 사람마다 잘생기고 못생겼다고 생각하는 기준이 다를 뿐이다. 당신도 그렇다. 당신만의 매력이 있다. 외모가 첫인상의 중요한 요소 중의 하나지만 단정하고 밝은 미소를 지을 수 있다면 누구나 첫인상을 좋게 할 수 있다.

나에 대해 잘 아는 전문가가 아니라면 타인의 평가에 크게 신경 쓸 필요는 없다. 다만 나 스스로 돌아보며 객관적으로 판단하면 된다. 그러나 단점에 너무 큰 비중을 두지 말자. 단점을 고치려고 하는 것도 좋지만 장점을 활용하는 것이 효과적이다. 단점을 고치는 데는 많은 노력과 시간이 필요하다. 또한, 단점에 집중하면 자신감을 잃고 실행력이 떨어지게 된다. 무엇이든지 실행할 때 실력이 성장하는 것이다. 실행하지 않으면 성장할 기회조차 놓치게 된다. 무엇보다 누구나 자신만의 달란트가 있다. 달란트를 활용할 때 좋은 성과를 낸다. 나의 단점을 보완해줄 다른 달란트를 가진 사람과 협력하면 된다.

기시미 이치로는 『아들러에게 인간관계를 묻다』에서 성격 때문에 자신이 싫다는 사연에 이렇게 말한다.

"타인과 좋은 관계를 맺고 싶다면 자신을 좋아하려고 노력해야 한다. 내가 나를 좋아하지 않는데 누가 나를 좋아해주겠는가? 자기 자신을 좋아하고 자신감을 가지면 사람들과 한데 어울릴 수 있게 된다. … 어떤 일이든 노력하지 않으면 잘할 수 없다. 대인관계도 예외가 아니다. 좋은 관계를 맺고자 노력하지 않으면 관계는 좋아지지 않는다. 스스로 노력하지 않고 타인이 자신을 위해 무언가 해주기만을 기다리는 것은 도움이 되지 않는다."

타인과 좋은 관계를 맺고 싶다면 자신을 좋아하려고 노력해야 한다. 자신을 사랑하지 않으면 남도 사랑할 수 없다. 성경은 "네 이웃을 네 몸과 같이 사랑하라"라고 말씀한다. 이 말씀에는 자기 자신을 사랑해야 이웃도 사랑할 수 있다는 전제가 있다. 나를 먼저 사랑해야 한다. 이것은 결코 이기적인 사랑이 아니다. 이기적인 사람들은 자기 자신에게만 관심이 있다. 타인에게는 관심이 없다. 그러니 모든 것을 자기 편리한 대로 판단한다. 그러나 자기 자신을 건강하게 사랑하는 사람은 타인에 대한 이해도 높아진다. 그러니 상대를 배려하고 존중하게 되는 것이다. 나를 사랑하는 사람이 이웃도 사랑하는 것이다.

그런데 생각보다 많은 사람이 자기 자신과의 관계가 무너져 있다. 자기 자신을 무시하고 하찮게 여긴다. 자기 자신의 상한 마음을 위로하지 않는다. 자신이 무엇을 원하는지, 무엇을 좋아하는지 모른다. 또한, 자기 자신을 거칠게 몰아붙이기도 한다. 그러는 동안 자기 자신은 병들어간다. 마음의 병이 오고 마음의 병은 몸의 병으로 이어진다.

연인이 서로를 사랑하지 않을 때 다른 사람들의 비난과 험담에 영향을 받는다. 반대로 연인이 서로를 사랑할 때 주변에서 어떤 비난과 험담을 해도 크게 영향을 받지 않는다. 마찬가지로 나를 사랑하면 다른 사람의 평가에 크게 영향을 받지 않는 것이다. 연인이 관계가 안 좋을 때 서로에게 민감하게 굴고 상처를 준다. 나 자신과의 관계가 안 좋을 때도 그렇다. 다른 사람에게 쉽게 감정적으로 대처하게 된다. 그것이 인간관계에 문제를 만든다. 그러니 나 자신과의 관계부터 회복해야 한다. 나를 사랑해야 한다.

어떻게 하면 나와의 관계를 회복할 수 있을까? 먼저 나에 대해서 잘 알아야 한다. 내 생각을 알아야 한다. 내가 무엇을 원하는지, 내가 무엇을 좋아하는지 알아야 한다. 또한, 내 감정을 알아차려야 한다.

심수명 교수는 『인간관계 훈련』에서 자각의 유익에 대해 4가지를 말한다.

"첫째, 자각이 이루어지는 영역만큼 진정한 자기 통제력이 이루어지며 주인의식을 갖게 됩니다. 둘째, 인생과 우주를 보는 시각이 열려 삶과 역사를 보는 시각이 새로워지며 자신이 원하는 대로 삶을 이끌 수 있습니다. 셋째, 자기조절이 가능하게 되어 삶 속에 덕과 인격, 아름다움과 멋을 추구할 수 있습니다. 넷째, 모든 사람에게 존경받는 지도자로 남을 도우며 살 수 있습니다."

자신에 대해 자각하는 만큼 자기 통제력이 생긴다. 그리고 주인의식을 갖게 되어 삶을 주도적으로 이끌게 된다. 그뿐만 아니라 남을 도우며 살 수 있는 리더십을 갖추게 된다. 쉽게 말하면 다른 사람에 의해 내 감정이 휘둘리거나 인간관계로 인해 어려움을 겪지 않게 된다는 것이다. 오히려 다른 사람을 돕는 삶을 살 수 있는 기반이 마련된다. 그러니 다른 누구도 아닌 자기 자신에 대해 자각해야 한다.

혹시 나에 대한 실망과 죄책감이 있다면 용서하기를 힘써야 한다. 사람은 누구나 실수를 한다는 것을 기억하자. 다시 말하지만 완벽한 사람은 없다. 나 자신도 마찬가지다. 자기 자신에 대해 너무 엄격한 기준을 갖지 말아야 한다. 타인을 이해하듯이 나 자신도 이해해야만 하는 것이다. 반복된 실수는 직면하고 분석해 수정해가면 된다. 그리고 나 자신과 화해하기를 힘쓰자. 용서는 혼자서도 할 수 있지만 화해는 다르다. 양쪽 모두가 화해하려는 마음이 준비되어야 한다. 화해는 서로 가지고 있던 안 좋은 감정을 풀어내는 것이다. 스스로 자기 자신에게 느끼고 있는 실망감을 풀어내야만 한다. 나의 내면의 부정적인 소리를 듣고 하나하나 위로하며 해결해야 한다. 나 자신의 마음을 모른 척하지 말자. 나의 마음을 챙기자. 정기적으로 내 마음을 탐색하고 내면의 소리를 들어보자. 그리고 나 자신에게 자주 대화하자. 나를 위로하고 힘이 되는 말을 자주 하자. 나도 위로와 격려, 그리고 지지를 받아야 한다. 타인에게만 의존하지 말자.

더 나아가 나 자신을 때때로 잘 대접해야 한다. 상담대학원에서 가족 상담학 교수님이 자주 하던 말이 있다. "가족이 건강하고 화목하려면 'celebration'을 잘해야 합니다."

'celebration'은 '기념, 축하(하기)'라는 뜻이다. 나 자신이 한 일이나 기념일에는 축하를 해보자. 그리고 때때로 나 자신에게 특별한 선물을 하자. 당신은 충분히 그럴만한 자격이 있다. 말뿐인 축하가 아닌 행동으로 보여주는 축하를 하자.

먼저 나와의 관계부터 회복해야 한다. 많은 사람이 자기 자신과의 관계에서 무너져 스스로 자신을 괴롭힌다. 자기 자신과 건강한 관계를 하지 못하는 사람은 타인과의 관계에서도 문제가 발생한다. 나 자신이 무엇을 원하는지 모르는데 다른 사람이 어떻게 알아주겠는가? 막연히 나를 알아주기를 바라는 마음은 실망감만 커지게 할 뿐이다. 당신 자신과의 관계부터 회복해야 한다. 그럴 때 부정적인 감정이 통제되지 않아 인간관계를 해치는 일은 현저히 줄어들 것이다.

탈무드의 교훈을 마음에 새기자.
"내가 나를 위해 살지 않으면 누가 나를 위해 살아줄 것인가?"

03

나를 바꾸니
인간관계가 달라졌다

한 여성이 남편의 늦은 귀가로 불평을 토로한다.

"사랑이 식었다."

"가족을 챙기지 않는다."

"가족보다 일이 먼저다."

"대화가 잘 안 된다."

"이제 지쳤다."

"이 생활을 언제까지 해야 할지 고민된다."

이 여성은 남편이 문제라며 부부관계 자체를 고민하고 있었다.

남편은 어떤 마음일까? 남편도 아내에게 불만이 많았다.

"하루 종일 힘들게 일하다 집에 들어갔는데 아내는 늦게 들어왔다고 짜증 내며 잔소리만 한다."

"요즘 일이 너무 많다. 상사들도 예민해져서 회사 생활이 힘들다. 가족들을 위해 꾹꾹 참으며 일하고 있다. 그런데 아내가 잔소리만 하니 대화를 피하게 된다."

"내가 가족을 위해 힘들게 일하는 것을 인정해줬으면 좋겠다."

두 사람은 서로의 잘못을 탓하고 있다. 아내는 남편의 늦은 귀가 때문이라며 잔소리를 한다. 남편은 아내의 잔소리 때문에 대화를 피하게 된다고 한다. 과연 누구의 잘못일까? 물론 어느 한 사람의 잘못이 더 클 수 있다.

그러나 잘잘못을 따지는 것으로는 문제를 해결할 수 없다. 관계가 더 악화될 뿐이다. 가족의 문제는 단순히 인과론적이지 않다. 어느 한쪽만의 잘못으로 보기 어렵다. 누구의 문제이고 누가 시작했는지보다 두 사람 사이의 상호작용을 살펴봐야 한다. 그래서 가족 상담에서는 순환적 사고를 강조한다. 순환적 사고는 '행동은 일련의 작용과 반작용이 반복되는 순환'을 말한다. 쉽게 말하면 서로의 말이나 행동 반응이 관계에 큰 영향을 미친다는 것이다.

가족관계만 그럴까? 인간관계의 대부분이 그렇다. 물론 일방적으로 갑질을 당하는 경우도 있다. 도저히 상종 불가인 사람도 더러 있다. 그러나 일방적인 관계나 상대가 심각한 문제가 있는 것이 아니라면 인간관계는 상호적이다. 서로의 잘잘못을 따지는 것은 도움이 되지 않는다.

그런데 많은 사람이 '저 사람 때문에'라고 말한다. 그러니 분노가 일어나고 상대의 잘못만 지적하게 된다. 잘못을 지적당하는 상대는 어떤 마음이 들까? 쉽게 수긍하지 못할 것이다. 설사 정말 자신이 잘못했더라도 오기가 생길 것이다.

『관계의 달인(인생의 99%는 관계가 만든다)』의 저자 앤드류 매튜스는 이렇게 말했다.

"세상은 거울과 같다. 사람들과의 관계에서 겪는 문제 중 대부분은 스스로와의 관계에서 겪고 있는 문제를 거울처럼 보여주고 있다. 밖으로 나가서 남들을 바꿔놓을 필요는 없다. 우리가 자기 생각들을 조금씩 바꿔나가다 보면, 주위 사람들과의 관계는 자동으로 개선된다."

그렇다. 내가 겪는 인간관계에는 항상 내가 있다. 내 생각과 반응을 바꾸면 인간관계는 개선되게 되어 있다. 무엇보다 인간관계에서 발생하는 문제를 적절히 대처하지 못하면 결국 내가 힘들어지는 것이다. 그러니 나를 위해 내가 바뀌어야 한다.

그러나 타인을 바꾸기 위해 나를 바꾼다는 생각은 잘못된 생각이다. 그 자체가 타인을 내 생각대로 통제하려는 생각이다. 어떤 사람은 상대와의 논쟁에서 이기면 상대가 바뀔 것으로 생각한다. 그것은 엄청난 착각이다. 논쟁에서 이기면 잠깐 마음이 시원할 수 있다. 그러나 논쟁은 관계를 악화시킬 뿐이다. 사람은 대부분 논쟁에서 졌다고 생각되면 마음의 칼을 갈게 된다. 상대는 다른 방식으로 당신을 괴롭힐 것이다. 사람의 변화는 논리로 되지 않는다. 사람은 이성이 아닌 감정으로 움직이기 때문이다. 논쟁에서 지면 감정이 상한다. 그러면 관계가 깨지게 된다. 논쟁에서 이기고 소중한 사람을 잃을 것인가?

어떤 사람은 상대와 다툴 때 주제와 상관없이 무차별적으로 약점을 공격한다. 지나온 잘못들을 다 들춰내며 상처를 주기 위해 그야말로 공격을 한다. 그러면 시간이 지나도 마음에 남을 수밖에 없다. 나중에 후회해도 이미 때는 늦었다. 다시는 회복되기 힘든 관계가 되는 것이다. 다툴 때는 문제가 된 주제에만 집중하는 것이 좋다. 다른 주제가 나오는 순간 더 큰 다툼이 일어나고 상처만 남게 된다.

반대로 나만 참으면 된다는 것도 적절하지 않다. 참기만 하는 것은 건강한 인간관계가 아니다. 적절히 나의 마음과 생각을 표현해야 한다. 그리고 상대의 마음과 생각도 들어봐야 한다. 그렇지 않으면 상대에 대한 부정적인 정서를 해소할 수 없다. 피상적인 관계가 될 수밖에 없는 것이다.

그러나 분명한 사실은 나 자신이 바뀌면 인간관계도 달라지기 시작한다는 것이다. 인간관계는 서로의 말과 행동에 영향을 주고받는다. 내가 바뀌면 조금이나마 상대도 바뀌게 된다. 과거의 나는 다분히 감정적이었다. 상대가 거슬리면 똑같이 대했다. 그러나 신학을 하고 상담을 공부하면서 생각과 언행이 많이 변했다. 또한, 내 감정을 어느 정도 컨트롤할 수 있게 됐다. 상담 공부와 수련을 받으면서 자기성찰 과제를 지속해서 했다. 또한, 상대에 대한 판단유보를 실천했다. 과거에 나는 눈치가 빠르다는 생각으로 상대를 쉽게 판단했다. 내 판단이 맞을 때도 많았다. 그러나 그것은 단순한 생각이라는 것을 상담을 공부하면서 깨달았다. 나에 대해 성찰할 때도 새롭게 깨달은 것이 많은데 하물며 다른 사람이라면 어떻겠는가?

게다가 나와 잘 맞지 않는 사람들은 아예 마음을 열지 않았었다. 거리를 두며 피상적인 관계를 했다. 그러나 오랜 시간 목회와 상담을 하면서 사람마다 성향이 다른 것이지 잘못된 것이 아니라는 상식을 깨달았다. 그리고 나와 맞지 않는 사람들과도 마음을 열고 관계를 형성했다. 나와 성향이 다른 사람과 관계를 맺는 것이 생각보다 어렵지 않았다. 그 결과 놀라운 유익을 얻었다. 나와는 다른 그들의 생각과 행동을 통해 새로운 것을 배웠다. 하나님께서 남자와 여자를 다르게 창조하시고 서로 돕는 배필이 되게 하셨다. 다름을 통해 서로의 단점은 보완하고 장점으로 성장할 수 있도록 창조하신 것이다. 남자와 여자뿐만이 아니다. 사람마다 다 다르게 창조하셨다. 각자의 독특한 개성과 성향이 서로에게 도움이 되게 하신 것이다. 그러니 우리가 서로의 다름을 인정하고 영향을 주고받을 때 성장하고 성과도 낼 수 있다.

'회의에서 같은 의견만 말하고 있다면 일을 하지 않고 있다는 것이다.'라는 말이 있다. 실제로 그렇다. 같은 의견만을 말한다면 변화와 성장은 요원할 수밖에 없다. 서로 다름을 인정하고 보완해가는 것이 '윈윈'으로 갈 수 있는 비결이다.

나를 바꾸려면 어떻게 해야 할까?

우선 자기 성찰을 해야 한다. 인간관계에서 내가 한 말과 행동, 그리고 느꼈던 감정들을 돌아보는 것이다. 이를 '메타인지'라고 한다. 내 생각과 내 감정에 대해 돌아보고 생각하는 것이다. 자기를 돌아보지 않는 사람은 다른 사람을 이해할 수 없다. 이상심리에서 말하는 성격장애의 공통

점은 자기 성찰이 안 된다는 것이다. 제삼자인 것처럼 내 생각과 감정을 분석해보는 것이 큰 도움이 된다.

또한, 나 자신을 사랑해야 한다. 사랑의 힘은 엄청나다. 사랑을 받으면 자기 자신을 돌아볼 수 있게 된다. 그리고 감정을 컨트롤할 수 있게 된다. 감정 조절은 인간관계에서 가장 중요한 요소 중의 하나이다. 누구나 감정을 폭발하듯 표출하거나 조절하지 못하는 사람은 불편할 수밖에 없다.

그리고 상대에 관한 판단을 유보해야 한다. '그럴 수도 있지'라는 마음으로 상대에 대해 최대한 판단을 유보해보자. 상대에 대한 섣부른 판단은 상대의 장점을 놓치게 만드는 오류를 낳을 수 있다.

나 자신을 바꾸니 유익한 점이 많았다. 가장 큰 유익은 내가 행복해진 것이다. 상대를 바꾸려고 한 것이 아니었다. 나를 위해 나를 바꿨다. 자기 성찰을 지속해서 하면서 나에 대해 더 깊이 알아갔다. 무엇보다 나 자신을 사랑하기로 했다. 상대 때문에 내 마음이 상해 하루를 망치는 일을 최소화하겠다고 결정했다. 그 결과 인간관계에서 아주 여유로워졌다. 그리고 상대에 관한 판단을 유보하는 일에 힘썼다. 내가 판단을 유보할수록 상대의 장점을 더 자세히 알 수 있었다. 결국, 나의 변화가 인간관계에 유익과 행복을 더해주었다. 상대를 바꾸려하지 말고 내가 변화하기를 선택하자. 나의 행복을 위해 나를 바꿔보자. 그러면 행복한 나로 인해 나와 관계를 맺는 사람들도 행복해질 것이다.

04

경청과 공감을
기억하라

"소통! 제일 큰 문제죠! 그것만 해결되면 정말 사랑하며 살 수 있을 거 같아요."

얼마 전 내가 올린 '성향이 완전히 다른 ESTJ와 ENFP 부부의 행복한 결혼생활'이라는 글에 달린 댓글이다. 제목 그대로 MBTI 성격 검사결과를 토대로 나와 성향이 완전히 다른 아내와의 결혼생활에 대해 다뤘다. 핵심은 결혼 전에 사랑하는 법과 의사소통하는 법을 배워야 한다는 것이었다. 그 글을 보며 많은 사람이 공감하며 재미있어했다. 그리고 하나같이 이해와 소통에 대해 공감했다.

코로나19 사태로 메타버스 시대는 더 빠르게 확장되고 있다. 메타버스는 가상을 뜻하는 '메타(meta)'와 현실 세계를 가리키는 '유니버스(universe)'의 합성어로, 현실을 초월한 가상의 세계를 의미한다. 미래경제학자이자 유엔미래포럼의 대표인 박영숙은 "과거에는 기업들이 자본력을 바탕으로 오프라인 쇼핑몰, 생산라인 강화에 집중했다면 앞으로는 이러한 현실 공간의 비즈니스 가치를 가상공간인 메타버스를 통해 더 높이게 될 것"이라고 말한다. 그리고 게임, 커뮤니티, 관광, 부동산 거래, 화재 진압, 보안 부문 등 거의 모든 분야가 메타버스화 될 것으로 예상한다. 나도 박영숙 대표의 강연을 들은 적이 있다. 박영숙 대표는 급변하는 메타버스 사회 속에서 우리는 어떻게 살아야 하는지에 대해 생각하게 했다. 더 나아가 '당신의 직업은 미래에 안전합니까?'라는 질문을 던졌다.

오늘날 '초기술' 시대에 우리 사회의 화두는 무엇일까? 그럼에도 불구하고 '소통과 공감'이다. 하버드대학교 심리학과 교수 스티븐 핑거는 2016년 SDF 포럼에서 긴밀한 연결망 덕분에 인간의 공감 능력은 더 커질 것이라고 했다. 또한, 웅진코웨이의 전설로 불리는 두진문 회장은 자신의 저서『성공하는 구독경제 원픽』에서 이렇게 말한다.

"1998년 IMF 외환위기 당시, 구독경제의 모태가 된 코웨이 정수기 렌탈을 시작했다. 코웨이 렌탈은 지금까지 업계 1위를 달리고 있다. 삼성, LG, SK 등 대기업들과 경쟁하는 정수기와 공기청정기 업계에서 20여

년이라는 오랜 시간 동안 정상을 달리고 있는 이유는 무엇일까? 단연, CRM에 있다. CRM은 'Customer Relationship Management'의 약자로 '고객 관계 관리'이다."

웅진코웨이의 렌탈 서비스의 성공비결은 바로 관계였다. 앞서 말한 코디라는 직업도 고객과의 관계를 통한 소통이 성공비결이다. 두진문 회장은 "관계 맺기 전략으로 소통하라."라고 강조한다. 고객과 관계를 맺으면서 고객의 입장에서 이해하고 고객의 필요를 채워주어야 하는 것이다. 모든 것이 메타버스화 되어가는 이 시대와 미래에도 경쟁력 있는 직업과 사업은 바로 '휴먼 터치'이다. 사람만이 할 수 있는 일이 있는 것이다. 경제뿐만 아니라 사회, 문화, 정치, 인간관계 등 모든 것에서 '공감적 소통'이 중요하다.

인간관계에서 소통과 공감을 위해 가장 필요한 것이 무엇일까? 바로 의사소통이다. 의사소통이라는 말 자체가 생각이나 뜻이 서로 통하는 것이란 의미이다. 통하면 된다. 인간관계에서 기본이자 친밀한 관계를 맺기 위한 요소는 의사소통인 것이다. '말은 적게 하고 듣기를 많이 하라.', '입은 하나이고 귀는 둘이다.'라는 말이 있다. 의사소통을 잘하기 위해서는 말을 잘하기보다 남의 말을 잘 듣는 것이 우선되어야 한다. 잘 들어야 공감도 할 수 있다. 통계에 따르면, 사람들의 의사소통은 말하기가 32%,

읽기는 15%, 쓰기는 11%이며, 듣기가 42%라고 한다. 의사소통에서 경청이 차지하는 비중이 가장 큰 것이다. 그러니 의사소통을 잘하려면 반드시 경청하는 방법을 배워야 한다.

세계적인 베스트셀러 『성공하는 사람들의 7가지 습관』의 저자이자 경영학자 스티븐 코비는 "경청이란 상대방의 마음에 심리적 통장인 '감정 계좌'를 개설하여 저축하는 것이다"라고 했다. 경청할 때 상대는 친근감과 고마움을 느낀다. 그뿐만 아니라 상대에게 빚진 마음을 갖게 된다. 그래서 내게 무언가 도움을 주려는 마음을 갖게 된다. 그런 면에서 경청은 상대의 마음의 문을 여는 열쇠이다. 또한, 상대를 이해하고 마음을 얻을 수 있는 최고의 기술이다.

그러나 경청은 쉽지 않다. 대부분의 사람들이 상대를 이해하려고 듣는 것이 아니라 대답하려고 듣는 경향이 있기 때문이다. 그래서 선택적 경청을 하는 경우가 많다. 자기가 듣고 싶은 것만 듣는 것이다. 그 결과 오해와 문제가 발생한다.

내가 두 번째 집단상담에 갔을 때의 일이다. 당시 집단상담의 주제는 감수성 훈련이었다. 감수성이란 '외부 세계의 자극을 받아들이고 느끼는 성질'을 의미한다. 집단상담원끼리 서로에 대한 느낌과 생각을 자유롭게 말하고 피드백을 주고받는 훈련이었다. 나도 다른 참석자의 말을 듣고 피드백을 했다. 그때 지도교수가 내게 말했다.

"강훈 선생님은 선택적 경청을 하시네요."

나는 성격이 급해서 말을 듣다가 딴생각을 할 때가 있다. 그것을 지적받은 것이다. 선택적 경청을 고치느라 많은 노력과 연습이 필요했다.

인류 역사상 가장 지혜로웠던 사람이 누굴까? 각자의 기준에 따라 다르겠지만 대체로 지혜의 대명사는 솔로몬 왕일 것이다. 솔로몬이 왕이 된 후에 가장 먼저 한 일은 하나님께 '일천번제'를 드린 것이다. '일천번제'라는 것은 제사를 일천 번 드렸다는 것이다. 그 정성이 얼마나 대단한가? 그것도 한 나라의 왕이 말이다. 하나님은 솔로몬의 정성에 감동하셨다. 그리고 솔로몬의 꿈에 나타나셔서 솔로몬에게 소원을 구하라고 하신다. 그때 솔로몬은 지혜를 구했다. 그 지혜가 무엇일까?

성경 열왕기상 3장 9절에 나온다.

"누가 주의 이 많은 백성을 재판할 수 있사오리이까. 듣는 마음을 종에게 주사 주의 백성을 재판하여 선악을 분별하게 하옵소서"

"듣는 마음을 종에게 주사" 바로 듣는 마음이다. 이후 솔로몬 왕은 놀라운 지혜로 이스라엘을 발전시켰다. 솔로몬 왕은 듣는 마음으로 이스라엘 역사상 가장 부강한 나라를 세웠다. 들을 때 선악을 분별할 수 있다.

들을 때 상대를 이해할 수 있다. 들을 때 친밀한 관계는 시작된다. 잘 들어야 상대에 대해서 이해할 수 있다. 오해는 잘 듣지 않아서 발생한다. 엇갈렸던 관계도 잘 들을 때 풀리는 계기가 된다. 또한, 경청해주는 것만으로도 상대의 마음이 풀리기도 한다. 실제로 나는 상담 과정에서 내담자의 말을 잘 들어주었을 뿐인데 부정적인 감정이 해소되고 스스로 해결 방법을 찾아가는 경험을 많이 했다.

경청은 솔로몬 왕과 같이 듣는 마음에서부터 시작된다. 경청하기 위해서는 상대에게 관심을 집중해야 한다. 표정이나 제스처와 같은 비언어적 메시지도 함께 들어야 한다. 때로는 언어적 메시지보다 비언어적 메시지가 더 큰 의미가 있기 때문이다. 또한, 상대의 메시지의 뜻을 객관적으로 분별하며 듣는, 생각하는 경청을 해야 한다. 더 나아가 상대의 감정까지 들으면 금상첨화이다. 이를 공감적 경청이라고 한다. 그럴 때 진정으로 상대를 이해할 수 있는 것이다.

경청을 잘하기 위해서는 마음의 태도뿐만 아니라 갖춰야 할 행동적 태도도 있다. 심리학자 발 아놀드 박사는 경청의 행동적 태도에 대해 'SOLER' 원리를 제시했다.

Squarely 상대를 똑바로 바라보기

Open 다리를 꼬거나 팔짱을 끼지 않고 개방된 자세 취하기

Lean 상대 쪽으로 몸 기울이기

Eye contact 가끔씩 상대와 눈 마주치기

Relax 편안한 자세 취하기

먼저 상대를 바라봐야 한다. 앞서 말한 것처럼 보지도 않고 인사를 하거나 말하는 것은 상대방에게 무시 받았다는 느낌을 받게 한다. 이는 인간관계를 파괴하는 비결이다. 상대를 바라보며 '내가 당신의 이야기를 듣고 있습니다.'라는 메시지를 주어야 한다. 세 번째로 몸을 상대 쪽으로 몸을 기울이며 상대가 하는 이야기에 관심이 많다는 뜻을 전해주어야 한다. 네 번째로 가끔 상대와 눈을 마주쳐야 한다. 상대를 바라본다는 말이 뚫어지게 눈을 보라는 말이 아니다. 상대가 민망하지 않게 가끔 눈을 마주치고 얼굴의 다른 부분을 보는 것이 좋다. 다섯 번째로 듣는 내가 편안해야 상대도 편안함을 느낀다.

이렇게 경청에는 많은 연습이 필요하다. 그런데 많은 사람이 경청을 쉽게 생각한다. 상대의 말에 끼어들지만 않아도 경청한 것으로 생각한다. 또는 상대의 말을 들으면서 자기가 상대에게 말할 것을 생각한다. 상대를 이해하려고 경청하는 것이 아니라 상대에게 뭔가 교훈을 주려고 듣

는 것이다. 인간관계에서 가르치려는 태도는 가장 피해야 할 요소이다. 가르치려는 사람과 친밀한 관계를 맺고 싶은 사람은 없다. 특히 경청은 상대를 이해하고 공감하기 위한 것이다. 경청은 상대방을 이해하게 한다. 그뿐만 아니라 상대에게 고마움을 느끼게 한다. 또한, 경청해주는 것 자체만으로 상대의 상한 마음이 치유된다. 여성들은 스트레스를 말하면서 푼다고 한다. 경청해주면 부정적인 정서가 풀리고 긍정적인 마음 상태가 된다. 메타버스 시대에도 변하지 않는 중요한 화두는 소통과 공감이다. 소통은 경청에서부터 시작된다. 그러나 경청은 그냥 되지 않는다. 적극적으로 공부하고 연습해야 한다.

스티븐 코비는 이렇게 말했다.

"성공하는 사람과 그렇지 못한 사람의 차이를 단 하나만 들라고 한다면, 나는 주저 없이 '경청하는 습관'을 들 것이다."

다름을 인정하는 것이
공감의 시작이다

오늘 갑자기 장모님이 우리 집에 오셨다. 요즘 원고를 쓰느라 정신없지만 먼 길을 오신 장모님께 감사했다. 부랴부랴 장모님이 좋아하시는 아귀찜 식당을 검색해 식당에 갔다. 조금 이른 저녁 식사 시간이었는데 사람이 많았다. 아귀찜으로 소문난 맛집이었다. 아귀찜을 주문하고 기다리는데 식당에 걸린 글이 눈에 들어왔다.

'남들 다 친절하면 우린 설 자리가 없다.'
손님 입장에 서서 손님을 대하여야 합니다.

손님이 언짢아할 땐 이유가 있습니다.

사랑하는 사람과 대화하듯 말하세요.

완벽한 사람은 없습니다. 최선을 다하는 겁니다.

식당이 잘 되는 이유를 알 수 있었다. 이외에도 공감되는 글들이 많았다. 이런 마음으로 식당을 운영하니 음식도 맛있을 수밖에 없으리라. 기대하는 마음으로 음식을 기다렸다. 역시 맛있었다. 장모님도 맛있게 드셨다. 먼 길을 오신 장모님이 맛있게 드시니 마음이 놓이고 기분이 좋았다.

건강하고 친밀한 인간관계는 역지사지에서 시작된다. 상대의 입장이 되어 생각해야 친밀한 관계가 되는 것이다. 그러나 역지사지를 한다는 건 정말 어려운 일이다. 사람은 누구나 자기의 입장에서 생각할 수밖에 없기 때문이다. 타인의 입장을 생각하고 느낀다는 것은 많은 공부와 훈련이 필요하다.

자리가 사람을 만든다는 말이 있다. 그 자리에 앉으면 그 입장에서 생각하게 된다는 것이다. 한창 부동산 공부를 할 때 어떤 부동산 전문가가 이런 말을 하는 것을 들었다.

"집이 없는 사람은 집값이 더 내려가야 한다고 생각합니다. 그런데 집이 있는 사람은 집값이 더 오르기를 바랍니다. 그런데 집값이 더 내려가야 한다고 생각했던 사람도 집을 사는 순간부터 집값은 더 올라야 한다고 생각합니다."

개구리가 올챙이 적 생각을 못 하고 시집살이한 며느리가 시집살이 시키는 시어머니가 된다는 말은 괜히 있는 것이 아니다. 사람은 자연스럽게 자기 입장에서 생각하고 행동한다. 의도적으로 상대의 입장에서 생각하려고 애쓰지 않으면 상대를 이해할 수 없다. 식당 주인의 말처럼 식당이 잘 되려면 친절한 것이 당연한데 모든 식당이 친절하지 않다. 당연하지만 어려운 것이다. 그래서 역지사지를 할 수 있다면 특별한 사람이 된다.

앞서 말한 대로 아내와 나는 열두 살 차이가 난다. 아내는 소위 MZ세대이고 나는 X세대였다. 나도 모르게 '나 때는'이 나온다. 살아온 환경도 완전히 다르고 성향도 완전히 다르다. MBTI 성격 검사뿐만 아니라 대부분의 심리검사 결과가 완전히 달랐다. 거의 정반대라고 보면 된다. 사실 나는 과거에 아내와 비슷한 성향의 사람들을 별로 좋아하지 않았다. 그래서 아내가 이해 안 될 때도 많았다. 연애 초기에 아내와 전화통화를 하다가 나도 모르게 "독특하네."라고 했다가 엄청 혼이 난 적도 있다. 용서해준 아내에게 감사할 따름이다. 그러나 아내의 다름이 틀림이 아니라는 것을 인정하던 순간부터 아내의 다름은 내게 없는 장점이 됐다. 다르기 때문에 서로 돕는 배필이 된 것이다. 또한, 애초에 다르다고 생각하고 결혼했기 때문에 다름은 결혼생활에 문제가 되지 않았다.

내가 돕는 제자 중 대부분은 나와 너무나 다르다. 그러나 돕기 위해서 다름을 인정하고 경청할 수밖에 없었다. 그들의 말을 경청하니 그들의 다름은 때때로 새로운 통찰을 주었다. 다르기 때문에 내가 생각하지 못한 것을 생각하기 때문이다. 다름을 인정하니 나와 다른 사람들에게 많은 것을 배울 수 있었다. 다름을 인정할 때 다름은 더 이상 관계에 부정적인 영향을 주지 않았다.

스탠버드 대학교 명예교수이자 의사인 데이비드 번즈는 이렇게 말했다.

"우리는 다른 사람을 변화시킬 수 없습니다. 그저 상대방의 말을 귀담아듣고 진심으로 공감하기만 해도 관계는 바로 좋아집니다."

상대방의 말을 귀담아듣고 공감하려면 어떻게 해야 할까? 먼저 나와 다름을 인정해야 한다. 다름을 인정하지 않으면 귀담아들을 수 없다. 서로 다름을 인정하지 않고 공감한다는 것은 더더욱 어려운 일이다.

사람은 누구나 상황을 느끼는 정도가 다르다. 소화해낼 수 있는 심리적인 능력도 다르다. 각자가 삶에서 보고 듣고 배운 것이 다르기 때문이다. 사람들이 이해하고 느끼는 것은 현재의 것으로만 자각되지 않는다. 과거의 경험에서 현재를 유추하고 이해한다. 그러니 사람마다 다른 것은 당연한 것이다. 피상적인 관계를 맺고 있는 것이 아니라면 친밀해질수록 다르다는 것을 경험한다. 이것이 연인이 부부가 되면 갈등할 수밖에 없는 이유 중의 하나다. 가까워지면 가까워질수록 나와 너무나 다르다는 것을 경험하기 때문이다. 그래서 많은 부부가 이혼 이유를 '성격 차이'라고 하는 것이다. 그러니 다름을 인정해야 한다. 다름을 인정할 때 공감을 시작할 수 있다.

성경 로마서 12장 15절에는 이렇게 말씀한다.
"즐거워하는 자들과 함께 즐거워하고 우는 자들과 함께 울라"

이것이 공감이다. 내가 지금 즐거운지 슬픈지가 아니라 즐거워하는 사람과 함께 즐거워하는 것, 우는 사람들과 함께 우는 것이 공감인 것이다. 내가 아니라 상대의 입장에서 함께하는 것이다. 이런 공감을 받으면 상대는 나와 통한다고 생각한다. 통하면 좋아진다. 더 친밀한 관계가 되는 것이다. 또한, 공감을 받으면 위로를 받고 힘을 얻게 된다.

정신과 전문의인 정혜신은 자신의 저서 『당신이 옳다』에서 이렇게 말한다.

"자기 존재와 그 느낌을 만나고 공감받은 사람은 특별한 가르침이 없어도 자신에게 필요한 깨달음과 길을 알아서 찾게 된다. 그것이 정확한 공감의 놀라운 힘이다."

실제로 나는 상담을 하면서 이런 일을 많이 경험했다. 공감은 정말 놀라운 힘이다. 공감은 심리적 병의 만병통치약과 같다. 공감을 받을 때 사람들은 감동하고 변화된다. 사람의 마음을 얻는 비결 중의 비결이다. 인간관계를 잘하기 위해서는 공감을 공부하고 연습해야 한다.

공감하는 방법은 경청과 거의 유사하다. 먼저 상대방의 언어적 메시지와 비언어적 메시지를 파악해야 한다. 다시 말하지만, 언어적 메시지보다 비언어적 메시지가 더 큰 의미를 담는 경우가 많다. 보디랭귀지를 캐치하면 상대의 마음을 얻는다.

또한, 공감은 표현해야 한다. 상대방의 언어로 간단히, 요약하듯이 피드백해주는 것이 좋다. 앞에서 상대의 마음을 얻을 수 있는 방법 중 한 가지가 긍정적인 반응이라고 했다. 그것이 공감하는 방법 중 한 가지이다. 상대가 부정적이고 힘든 마음을 말할 때도 마찬가지다. 그저 힘든 마음을 위로하고 공감해주는 것만으로도 위로를 받을 것이다. 그러나 힘든 상황이라도 마음 깊은 곳에는 잘하고 싶은 긍정적인 동기가 있다. 누구나 잘 되고 싶은 소망이 있는 것이다. 단 1%라도 긍정적인 동기를 찾아내라. 그것을 발견하고 말해준다면 상대는 위로받을 뿐만 아니라 긍정적인 힘을 얻을 것이다. 그것이 진정한 의미에서 격려와 지지이다. 우리의 인간관계나 의사소통의 궁극적인 목표는 서로의 성장이어야 한다.

그러나 겁먹지 마라. 그저 상대의 입장에서 생각하고 느낀 것들을 간단히 표현하는 것만으로도 공감의 능력은 나타난다. 상대의 마음과 감정, 그리고 생각을 간단히 표현해주는 습관을 기르자. 그러다 보면 어느 순간 수준 높은 공감도 하게 될 것이다. 그때 당신의 인간관계는 놀랍게 성장할 것이다.

인간관계는 진심과 기술이다. 진심을 전할 수 있는 기술은 의사소통 능력이다. 의사소통을 잘하면 인간관계는 행복해진다. 의사소통의 핵심 중의 핵심은 경청과 공감이다. 그저 상대의 말을 귀담아듣고 진심으로 공감하기만 해도 관계는 좋아진다. 무엇보다 사랑하는 사람들을 행복하게 해줄 것이다. 그러나 공감하기 위해서는 먼저 상대의 다름을 인정해야 한다. 반드시 기억하자. 사람마다 다른 것은 당연한 것이다. 나와 같아야 한다는 오류에서 벗어나자. 다름은 틀림이 아니다. 다름을 인정할 때 상대의 다름은 내게 유익이 된다. 다름을 인정할 때 인간관계의 마스터키인 공감은 시작된다. 다름을 인정해 공감하고 행복한 인간관계를 누리자.

06

나 전달법은
관계의 바이블이다

말하지 않아도 알아요.

눈빛만 보아도 알아요.

그냥 바라보면

마음속에 있다는 걸.

이것이 노래라는 걸 안다면 당신은 옛날 사람이다. 1980~90년대 가장 유명했던 오리온 초코파이의 광고 노래이기 때문이다. 초코파이 포장지에는 한자 '情(정)'이 크게 쓰여 있다. 초코파이는 이 광고로 한국인의 정을 중요시하는 문화와 감성을 자극해 큰 성과를 이뤘다. 초코파이를 먹거나 주고받으면 정을 주고받는 느낌이 들게 했던 것이다. 국어사전에서는 '情(정)'을 '느끼어 일어나는 마음, 사랑이나 친근감을 느끼는 마음'으로 풀이한다. 이 광고는 많은 사람에게 말하지 않아도 느끼어 일어나는 마음, 즉 서로를 알아줄 것 같은 따뜻한 느낌의 감동을 주었다. 굳이 말하지 않아도 상대가 내 마음을 느끼고 알아준다면 얼마나 좋을까? 혹시 우리는 그것을 친밀한 관계라고 생각하는 것은 아닐까?

그러나 심리학자들은 이 광고가 인간관계에 악영향을 미쳤다고 비판한다. 전문가들의 그런 비판을 수용한 것일까? 초코파이는 또다시 공감을 주는 새로운 광고를 만들었다.

"말하지 않으면 모릅니다."

기존의 콘셉트를 180도 바꾼 것이다. 아버지를 연상시키는 중년의 남성이 등장해 초코파이를 먹으면서 "아닙니다. 말하지 않으면 모릅니다."라고 한다. 군인이 군대 안의 교회에서 초코파이를 받으면서 초코파이를 주는 목사님께 고백한다.

"사실 전 불교예요. 이 달콤함, 독특함 때문에."

그리고 "정 때문에 못 한 말, 까놓고 말하자."라는 내레이션이 나온다. 정말 기발하다. 그래서일까? 여전히 초코파이는 많은 사람이 좋아한다. 이 광고를 보며 언어의 중요성을 새삼 느낀다. 임팩트 있는 광고 문구 하나가 전 국민에게 영향을 미치니 말이다.

그렇다. 말하지 않으면 알 수 없다. 잘못된 의사소통은 오히려 관계에서 문제를 일으킬 가능성이 농후하다. 나는 인간관계를 하면 할수록 의사소통의 중요성을 절실히 체감하곤 한다. 어떤 상담이론이든 경청을 첫 번째로 강조한다. 아무리 상담사가 경력이 많더라도 내담자의 이야기를 제대로 경청하지 못하면 적절한 상담을 해줄 수 없기 때문이다. 반대로 화자의 입장에서는 정확한 의사전달을 하는 것이 가장 중요하다.

연인이나 부부관계에서 남자들이 가장 무서워하는 말이 있다. 바로 "오빠가 뭘 잘못했는지 알아?"이다. 이때 남성들은 어떻게 해야 할까? 뭘 잘못했는지 모르더라도 일단 상대가 화가 났다는 것을 인지하고 상대의 처분을 기다려야 한다. 원인이나 해결책을 찾는 섣부른 행동은 더 큰 화를 부른다. 그저 상대가 현재 느끼는 감정에 집중하는 것이 좋다. 사실 나도 이것이 가장 어려웠다. 남성과 여성의 차이는 화성과 금성의 차이이기 때문이다.

비슷한 또래라도 남성과 여성의 관계는 쉽지 않다. 만일 아내가 내게 "오빠가 뭘 잘못했는지 알아?"라고 했다면 머리가 아팠을 것이다. 성향도 다르고 세대도 다르기 때문이다. 다행히 아내는 불만이 있으면 바로 바로 말하는 성향이다. 그리고 결혼 전 결혼예비학교에서 상담전문가에게 배우면서 서로에 대해 더 깊이 이해할 수 있었다. 다투지 않는 것이 좋은 것이 아니라 잘 다투는 것이 왜 좋은 것인지도 이때 배웠다.

남녀 관계든 다른 어떤 관계이든 반드시 알아야 할 것이 있다. '말하지 않으면 모른다'는 것이다. 소중한 관계를 소중하게 지속하고 싶다면 정중하고 분명하게 말하는 것이 좋다. 자신의 부정적인 감정을 분위기로 표현하거나 이중 메시지는 악영향을 미친다. 이런 표현은 대부분 굳이 말하지 않아도 자신의 마음을 알아주기를 바라기 때문일 것이다. 자신의 마음을 알아주기를 바라는 마음이 자칫 관계의 파괴로 이어질 수 있다.

또한, 우리는 감정이 상하면 쉽게 "너 때문에…."라고 말하곤 한다.

"네가 그래서…."

"네가 잘못했잖아."

"네가 뭘 잘못했는지 알아?"

이렇게 상대를 비난하고 탓하는 '너 중심의 전달법'은 듣는 사람에게 거부감을 일으킨다. 설사 상대가 자신의 잘못을 알더라도 오기가 생겨 더 큰 다툼으로 이어질 수 있다. 그래서 의사소통 기술이 필요한 것이다. 일반적으로 의사소통을 잘하는 방법은 잘 들어주는 것이지만 상대에게 내 생각과 느낌, 그리고 경험을 표현하는 기술이 있어야 한다. 원하는 것을 얻으려면 내가 생각하고 느끼는 것을 잘 전달해야 한다. 요즘같이 개인주의를 추구하는 시대에는 건강한 자기표현은 반드시 갖춰야 할 능력이다.

어떻게 해야 자기표현을 잘할 수 있을까? 가장 좋은 방법은 '나 전달법'이다. '나 전달법'을 잘 활용하면 상대방에게 자신의 상황이나 상태를 잘 알릴 수 있다. 그뿐만 아니라 스스로 자신도 더 잘 이해할 수 있게 된다. 자신이 어떤 감정이고 상대에게 무엇을 원하는지 알 수 있게 되는 것이다. 또한, 상대방의 행동을 비난하지 않고 자신의 솔직한 마음을 전달하기 때문에 상대방의 변화를 끌어낼 수 있다. 더 나아가 서로의 이견을 조율하며 가장 좋은 대안을 창출할 수 있다. 그러니 '나 전달법'은 관계의 바이블인 것이다.

그러나 건강하게 '나 전달법'을 하기 위해서는 선행되어야 하는 것이 있다. 자신의 감정을 다스릴 수 있어야 한다. 자신의 감정을 다스리기 위해 먼저 잠깐 멈추어 호흡을 가다듬어야 한다. 감정이 격앙되어 있을 때는 상대방과 나에게 상처를 주게 되는 경우가 많다. 이럴 때는 잠시 멈추는 것이 필요하다. 둘째, 현재 자신이 느끼는 감정을 객관적으로 분석해야 한다. 그리고 상대에게 어떻게 전할지 생각하라. 아무런 여과 없이 직설적으로 말하는 것은 상대뿐만 아니라 나에게도 악영향을 미친다.

이제 마음과 생각이 정리됐으면 나 전달법을 해보자.

1단계 : 상대방의 구체적인 행동과 사실을 객관적으로 말한다. 이때 중요한 것은 상대에 관해 판단하거나 비평하면 안 된다는 것이다. 그저 객관적인 사실을 말하는 것이다.

2단계 : 상대방의 행동이 자신에게 미치는 영향과 결과를 말한다. 자신이 느끼는 감정과 느낌을 말하는 것이다.

3단계 : 자신의 필요를 구체적으로 부탁한다.

예를 들면, 자신이 친구와 다퉈서 감정이 상했는데 남자친구가 잘잘못을 판단한다고 해보자.

"내가 친구와 다퉈서 속상한데 네가 잘잘못을 판단하니까,

(행동, 상황)

내 마음은 몰라주고 지적받는 거 같아서 나는 화가 나,

(영향, 결과, 감정, 느낌)

네가 그냥 내 말을 들어주고 위로해줬으면 좋겠어."

(필요 부탁)

때로는 나 전달법을 했는데 상대와 의견의 차이가 있을 수 있다. 아무리 잘 부탁해도 거절할 수밖에 없는 상황도 있다. 그럴 때는 의견을 조정하거나 영역의 한계를 정하는 것이 좋다.

'나 전달법'은 나의 감정을 조절할 수 있는 상태에서 상대에게 자기표현을 하기에 더 큰 갈등을 막을 수 있다. 상대방과의 대화를 부드럽게 하고 원만한 관계를 유지하는 데 효과적이다. 상대방의 행동을 변화시키는 데 효과적이다. 더 나아가 자기 자신의 솔직함을 전하기 때문에 상대방도 자기 자신의 마음을 정직하게 전달하게 하는 선순환이 일어난다. 그러니 '나 전달법'은 관계의 바이블인 것이다.

그러므로 친밀한 사람이라면 '나 전달법'으로 소통하자. 소중한 관계라면 더욱 '나 전달법'으로 소통하자. 말하지 않으면 누구도 당신의 마음을 알 수 없다. 상대가 느낌으로 또는 예상으로 당신의 마음을 오해하지 않게 하자.

그것이 당신 자신을 지키고 상대를 소중하게 여기는 방법이다. 더 이상 말하지 않아도 알아주기를 바라는 구시대적인 발상은 버리자. 그리고 '나 전달법'을 다시 한번 살펴보면서 당신의 말하는 패턴을 살펴보라. 당신은 상대가 자신의 마음을 알아주기를 바라서 돌려서 말하고 있지는 않은가? 모호하게 말하고 있지 않은가? 상대에게 강요하고 있지는 않은가? 이런 표현이 당신의 소중한 관계를 병들게 한다. 반드시 기억하자.

'나 전달법'은 소중한 관계를 돈독하게 하는 관계의 바이블이다.

07

작은 것에도
감사를 표현하라

'말 한마디에 천 냥 빚을 갚는다'라는 속담이 있다. 말 한마디만 잘해도 경제적인 문제까지 해결할 수 있다는 것이다. 그러나 말을 잘한다는 것이 말을 많이 하는 것은 아니다. 때와 상황에 맞는 적절한 말 한마디가 엄청난 힘이 있는 것이다.

지혜서라고 불리는 성경 잠언에는 말에 대한 교훈이 많다. 그중의 하나가 잠언 10장 19절 말씀이다.

"말이 많으면 허물을 면하기 어려우나 그 입술을 제어하는 자는 지혜가 있느니라"

반면에 잠언 15장 23절에서는 이렇게 말씀하신다.

"사람은 그 입의 대답으로 말미암아 기쁨을 얻나니 때에 맞는 말이 얼마나 아름다운고"

때에 맞는 말이 사람에게 기쁨을 준다. 결국, 꼭 해야 할 말은 때에 맞게 적절히 해야 한다는 것이다.

앞서 말한 C는 인간관계를 잘 맺고 싶어 내게 '인간관계훈련' 과정을 배우고 있다. 그는 사람들과 의사소통하는 데 어려움이 있었다. 그래서 의사소통에 대해서 집중적으로 상담과 코칭을 했다. C는 나름대로 열심히 배우고 실천했다. 그러던 어느 날 같이 과정을 배우는 동료가 음료수를 사와 C에게 건네주었다. C는 아무 말 없이 음료수를 받기만 했다. 무엇이 문제일까? 당신이 음료수를 사다 준 사람이라면 어떤 마음이 들겠는가?

"호의가 계속되면 권리인 줄 알아요."

이 말은 2010년에 개봉됐던 영화 〈부당거래〉에서 나온 대사이다. 악역 배우의 대사였지만 사람들에게 큰 공감을 일으켜서 지금까지 명언처럼 쓰이고 있다. 누구나 호의를 베풀었는데 상대가 당연한 것처럼 여기면 기분이 나쁠 것이다. 어떤 대가를 바라고 하지 않았더라도 말이다. 대부분의 인간관계에 관해 다룬 책들에서는 호의를 당연한 권리로 여기는 사람은 끊어야 할 사람이라고 한다.

윌리암 아서 월드는 이렇게 말했다.

"감사한 마음을 가지고는 있지만 감사하는 마음을 표현하지 않는 것은 선물을 포장한 후에 포장한 그 선물을 전해주지 않은 것과 같은 것이다."

다시 강조한다. 마음만으로는 안된다. 마음을 표현해야 한다. 말하지 않으면 모른다. 그뿐만 아니라 말하지 않으면 좋은 사람과의 관계가 끊어질 수도 있다. 적절한 말 한마디가 상대에게 기쁨을 주고 때로는 천 냥 빚도 갚게 해준다. 의도적으로 때에 맞는 적절한 말을 연습해야 한다. 관계에 문제가 있을 때는 '나 전달법'을 잘해야 한다. 반면에 어느 때나 관계를 좋게 만드는 말이 있다. 바로 '감사합니다'이다. '감사'를 표현하는 것은 좋은 관계를 더 돈독히 하고 관계의 문제가 있을 때는 회복을 시켜주는 마법이다.

많은 자기계발 전문가들이 성공에 관련해 하나 같이 강조하는 것이 있다. 바로 긍정적인 생각의 힘이다. 어떤 생각을 하느냐가 그 사람의 삶의 질을 다르게 한다는 것이다.

하버드대학교 경제학 교수 데이비드 랜즈는 이렇게 말한다.

"이 시대의 부자들은 모두 낙천주의자다. 그들이 항상 옳아서가 아니라 긍정적인 생각을 하기 때문이다. 심지어 그들이 하는 일이 틀렸을 때도 그들의 태도는 여전히 긍정적이다. 긍정적 사고야말로 그들이 목적을 달성하도록 하고, 스스로를 개선해 결국 성공에 이르게 만든다."

긍정적인 생각이 스스로 자기 자신을 개선하게 하고 결국 성공에 이르게 만든다는 것이다. 그렇다. 생각에서부터 모든 것은 시작된다. 생각이 감정을 만들고 감정이 행동을 만들고 행동이 습관을 만들고 습관이 운명을 만든다. 그래서 생각이 운명을 바꾸는 것이다. 원하는 것을 이루고 싶다면 반드시 내 생각을 점검하고 긍정적으로 바꾸어야 한다. 심지어 전문가들은 긍정적으로 상상하는 것만으로도 큰 힘을 발휘한다고 강조한다.

어떻게 긍정적인 생각을 할 수 있을까? 의도적으로 긍정적인 생각을 하는 것도 좋은 방법이다. 그러나 가장 좋은 방법은 긍정적으로 생각할 근거를 찾는 것이다. 무엇이 긍정적인 근거가 될까? 이미 내게 주어진 좋은 것들을 생각하는 것이다. 어떤 이가 말했다.

"Think(생각)에서 Thank(감사)가 나온다."

생각이 감정을 만든다는 것에서 얻은 통찰일까? 내게 주어진 좋은 것들을 생각하면 감사하게 된다. 많은 사람이 감사하지 못하는 이유는 '부정성 효과' 때문이다. 긍정적인 것보다 부정적인 것에 더 영향을 받고 부정적인 것을 기억하기 때문이다. 그러니 의도적으로 감사한 것을 생각해내야 한다.

그리고 그것을 준 대상을 생각해보라. 그러면 생각보다 좋은 사람들이 내 주변에 많다는 것을 깨닫게 되어 행복해진다. 나는 개인적으로 누군가가 나에게 힘이 되는 좋은 말을 해주거나 선물을 하면 기록해둔다. 그리고 때때로 그것을 돌아본다. 그러면 혹시 그 상대가 내게 서운하게 했더라도 곧 마음이 풀린다. 또한, 나는 매일 감사 일기를 쓴다. 그러면 행복해지고 긍정적인 생각을 하게 된다. 감사는 생각을 긍정적으로 바꾸고 행복감을 더해주는 마법과 같다.

닐르 C. 넬슨과 지니 르메어 칼라바는 『소망을 이루어주는 감사의 힘』에서 이렇게 말한다.

"감사는 가정이나 직업에 대한 만족감과 기쁨을 증가시킴으로써 인간관계를 향상시키고, 사랑이 넘치도록 만들며, 갈등을 해소하고, 협력을 도모하도록 한다. 진심으로, 의식적으로, 미리 무조건 실천하는 감사는 아무리 견디기 힘든 상황도 가치 있게 여기도록 만드는 힘이 있다. 따라서 삶을 획기적으로 변화시키게 된다. 마치 기적처럼, 불가능한 것을 가능하게 만들 수 있다."

감사는 삶의 모든 것을 획기적으로 변화시키는 마법이다. 인간관계를 향상하는 비결은 감사한 것을 표현하는 것이다. 먼저 감사한 것을 깨달은 내가 상대에 대해 호감을 느끼게 된다. 상대는 자신의 행동에 보람을 느껴 기분이 좋아진다. 또한, 감사하는 나에게 호감을 느끼게 된다. 그러면 또 다른 감사할 행동을 할 가능성이 커진다. 감사할 줄 아는 사람에게 하나라도 더 주고 싶어지는 것이 인지상정이다.

감사는 사랑도 회복시킨다. 부부관계에 문제가 발생하는 이유 중 하나는 감사할 것을 감사하지 않기 때문이다. 상대의 헌신과 희생을 당연하게 생각하는 것이다. 그러니 다른 부부와 비교하며 자신의 부부생활을 불행하게 생각한다. 인간관계의 행복은 상대방을 어떤 눈으로 바라보느냐에 있다. 감사할 것을 생각하면 상대를 감사한 사람으로 보게 된다. 더 나아가 감사를 표현하면 상대의 마음과 시각도 달라진다. 그래서 감사가 회복되면 사랑도 회복되는 것이다. 감사는 표현할 때 모두에게 기쁨이 된다.

에티켓 코치이자 이미지 컨설턴트 타미 클레이터는 〈위키하우〉에서 감사에 대해서 이렇게 말한다.

"감사히 여기고 감사를 표현할 수 있다는 것은 당신과 주변에 실제로 놀라운 효과를 가져다줄 수 있다. 감사는 행복한 감정과 연결되어 있어서, 행복한 사람이 더 많이 감사하는 경향이 있다. 당신에게 감사하는 누군가가 있으면 기분이 훨씬 좋아질 것이다. 당신이 감사하는 것에 대해 생각하면 삶에서 부정적인 면이 아닌, 긍정적인 면에 더욱 집중하는 데 도움이 된다. … 감사히 여길수록 더 많은 공감 능력을 지니게 되는 경향이 있다."

감사히 여기면 행복해진다. 감사를 표현하면 상대도 행복해진다. 상대를 감사하게 생각하면 상대의 긍정적인 면을 보게 된다. 더 나아가 공감 능력도 향상된다. 의사소통이 달라지는 것이다. 그러니 의사소통의 최고의 마침표는 감사 표현이다.

먼저 감사할 것들을 생각하자. 내게 없는 것이 아닌 주어진 것들을 하나하나 생각해보자. 그러면 감사한 마음이 생긴다. 또한, 그것을 내게 준 대상을 생각해보자. 그 대상에 대한 마음이 달라지고 바라보는 시각이 달라질 것이다. 그리고 작은 것이라도 감사를 표현하자. 말하지 않으면 알 수 없다. 당신의 내향적인 성격으로 합리화하지 말자. 오히려 내향적이라면 더 적극적으로 연습하고 실천해야 한다. 그러니 감사한 일들을 기록하자. 상대의 호의를 기록하고 그 마음을 느껴보자. 더 나아가 감사한 마음을 상대에게 표현하자. 말할 타이밍을 놓쳤다면 기록한 것을 사진으로 촬영해 상대에게 보내보자. 당신도 상대도 행복해질 것이다. 그때 당신의 인간관계는 놀랍게 좋아질 것이다.

R E L A T I O N S H I P

5장

스펙보다 인간관계가
먼저다

01

스펙보다 인간관계가
먼저다

"5,500만 원 내면… 美 명문대 스펙을…." MBC 〈PD수첩〉

오늘 인터넷에 올라온 '파이낸셜뉴스' 신진아 기자의 기사이다. 최근에 학력 위조와 허위 스펙에 대한 논란이 많다. 대체로 유명 인사들의 자녀들에 대한 논란이다. 이에 대해 많은 사람이 분노한다. 그들의 허위 스펙은 그렇지 않아도 수저 계급을 한탄하는 사람들에게 공평한 기회조차 앗아가는 듯한 허탈감을 느끼게 한다. 그러니 더 분노하는 것이다.

사람들의 스펙 쌓기는 취업난이 심각해지면서 더욱 부각되었다. 그래서 너도나도 스펙을 쌓기 위해 잠을 줄이고 시간과 돈을 투자한다. 이러한 스펙 쌓기는 취업에 성공해도 계속된다. 어떤 이는 승진을 위해서, 또 다른 이는 더 좋은 직장에 이직하기 위해서 끊임없이 스펙을 쌓는다.

내가 총신대학교 신학대학원 입시 준비를 할 때 이야기다. 당시 총신대학교 신학대학원은 성경, 철학, 논술, 영어를 입시시험으로 치렀다. 나는 다른 과목은 어느 정도 자신 있었지만, 영어가 걱정됐다. 그래서 당시 유명한 강남의 모 영어학원에 새벽반을 신청하려고 했다. '새벽반이니 천천히 해도 되겠지.'라고 생각하고 있었다. 새벽반 신청이 시작된 지 3분 정도 지났을 때 학원 홈페이지에 들어갔다. 아뿔싸! 벌써 몇 개 반은 마감이 되어 있었다. 정말 깜짝 놀랐다. 새벽반인데 3분 만에 마감이라니! 나는 서둘러 마감되지 않은 반에 신청했다. 영어학원에 처음 간 날에는 더 놀랐다. 과반수의 수강생이 직장인이었다. 많은 사람이 강의가 끝난 후에 직장으로 출근했다. 직장을 다니는데도 스펙을 쌓기 위해 잠을 줄이고 비용을 지불하며 새벽에 영어학원에 다니고 있었다. 그 일이 벌써 16년 전 일이다. 지금은 더하면 더했지 덜하지 않으리라 생각된다. 특히 영어 관련 스펙은 기본으로 여겨지고 있다.

그런데 정말 남들보다 뛰어난 스펙을 갖추면 취업하는 데 유리할까? 물론 스펙이 좋으면 서류심사에서 이점이 있을 것이다. 그러나 스펙을 만만치 않게 쌓았음에도 취업하지 못하고 있는 사람들도 많다. 내가 아는 지인 중에는 미국이나 유럽에서 유학한 사람들이 꽤 있다. 그들은 거의 원어민 수준으로 영어를 구사한다. 그러나 취직을 했다가 몇 년 버티지 못하고 퇴직하는 사람들도 꽤 된다. 유학한 지인 중 한 명은 번역 일을 하다가 일이 너무 힘들고 수입도 많지 않아 영업일에 도전했다. 그 일로 많은 수입을 얻었다. 지금은 지인의 도움으로 새로운 사업을 하고 있다. 영어나 스펙과는 전혀 상관없는 일이다.

그들의 차이는 무엇일까? 바로 인간관계에 있었다. 취직한 이후에는 인간관계가 스펙보다 더 큰 작용을 했다. 인간관계에 어려움을 겪는 사람들은 취직해도 인간관계 문제로 어려움을 겪었다. 그들은 어렵게 취직했다가 인간관계 문제로 퇴직하는 일을 반복했다. 반대로 인간관계를 잘하는 사람은 직장에서 인정받았다. 그뿐만 아니라 더 좋은 직장으로 이직하거나 사업을 해도 성공적인 경우가 많았다. 좋은 직장으로 추천해주거나 협력해주는 사람들이 있었던 것이다. 상사에게 아첨해서가 아니다. 사람을 대하는 태도와 자세, 그리고 인간관계 기술이 좋으니 자신의 가치를 인정받은 것이다. 또한, 문제를 만나도 직장 내에서 위로와 격려, 그리고 지지를 해주는 사람들이 있었다. 그러니 문제를 이겨낼 수 있는 힘을 얻었다. 그들은 곧 자신감을 회복하고 문제를 효율적으로 해결해갔다.

인간관계가 좋으면 승진 여부를 결정하는 인사고과에서도 좋은 평가를 받는다. 팔은 안으로 굽는다. 누구나 호감 가는 사람이나 좋아하는 사람을 좋게 볼 수밖에 없다. 인간관계가 좋은 사람은 단점은 이해받고 장점은 부각이 된다. 소위 하나라도 더 챙겨주고 싶은 사람이 되는 것이다. 직장 상사도 감정에 영향을 받는 사람일 뿐인 것이다.

그뿐만 아니라 인간관계가 좋으면 더 많은 정보와 기회를 얻게 된다. 이미 오래전부터 세상은 정보의 홍수 시대가 됐다. 스마트폰이 개발되고 메타버스화되면서 세상은 정신을 차릴 수 없을 정도로 빠르게 변화하고 있다. 그야말로 정보가 경쟁력인 시대가 된 것이다. 상황이 이러할 때는 인간관계가 좋은 사람은 그렇지 않은 사람에 비해 훨씬 신속하고 다양한 정보를 얻게 된다. 한 사람보다 두 사람이 얻는 정보가 더 많기 때문이다.

나도 좋아하는 사람들에게 먼저 무료특강 소식을 전한다. 무료지만 유료보다 좋은 특강이었다. 강사진을 보면 각 방면에서 최고의 실력과 위치에 있는 사람들이었다. 올해만 특강을 여러 번 개최했다. 그중의 하나가 제네틱 웰니스 컨설턴트(유전자 컨설턴트)에 관련된 특강이었다. 특강에 초대된 사람들은 '제네틱 웰니스 컨설턴트(유전자 컨설턴트)'라는 미래 가치가 좋은 직업에 대해 알게 됐다. 그리고 나와 같이 그 과정을 배워 자격증을 획득하고 '제네틱 웰니스 컨설턴트(유전자 컨설턴트)'가 됐다. 그러니 인간관계가 좋으면 좋은 정보와 기회를 빠르고 다양하게 얻을 수 있게 되는 것이다.

무엇보다 중요한 것은 인간관계가 좋으면 행복해진다는 것이다. 에센바흐는 이렇게 말했다.

"한 사람의 진실한 친구는 천 명의 적이 우리를 불행하게 만드는 그 힘 이상으로 우리를 행복하게 만든다."

어디에서 무엇을 하든 진실한 친구 한 명만 있으면 행복해진다. 행복하면 내가 가진 실력을 더 자신 있게 활용하게 된다. 행복한 감정은 긍정적인 생각을 만들기 때문이다. 안 되는 이유를 찾는 게 아니라 되는 방법을 찾게 되는 것이다. 그래서 행복은 창의성도 높여준다. 그러니 행복하게 만드는 진실한 친구 한 명은 그 어떤 스펙보다 영향력이 큰 것이다.

박재현 기자가 쓴 「진정한 성공은?」이라는 에세이에서 다룬 사건이다.

어느 여대생이 한 강연회에 갔다가 세계적인 주식 투자가 워런 버핏에게 물었다.

"성공을 어떻게 정의하십니까?"

워런 버핏이 대답했다.

"당신이 사랑해줬으면 하는 사람이 당신을 사랑해주면 그게 성공입니다. 당신은 세상의 부를 얻고 많은 건물을 가질 수도 있겠지요. 그러나 사람들이 당신을 생각해주지 않으면 그건 성공이 아닙니다."

워런 버핏이 왜 이런 생각을 하게 됐을까? 그 배경을 이렇게 설명한다.

"오마하에 벨라 아이젠버그란 여성이 있었습니다. 그녀는 제2차 세계대전 때 아우슈비츠 수용소에 수감되었던 경험이 있었답니다. 그녀가 세상을 떠나기 전에 이렇게 말했습니다. "나는 친구를 사귀는 게 매우 더뎌요. 왜냐하면, 사람들을 만날 때 속으로 이렇게 질문하거든요. '저 사람들은 내가 위기에 처할 때 나를 숨겨줄까?'하고 말이죠." 당신이 70세나 75세가 되었을 때 주위에 당신을 숨겨줄 만한 사람이 많다면 성공한 거예요. 반대로 아무도 당신이 어떻게 되든 신경 쓰지 않는다면, 돈이 얼마나 많든지와 상관없이 당신은 성공하지 못한 겁니다."

아무리 많은 부와 권력을 가졌다고 해도 마음을 터놓을 사람이 없다면 마음은 허전하고 외로울 것이다. 그것은 진정한 성공이 아니다. 가장 중요한 사람이 없으니 어찌 성공이라 할 수 있을까? 내가 『성경에서 찾은 더 크게 성공하는 법』을 집필한 이유는 사랑하는 사람에게 좋은 것을 주

고 싶었기 때문이었다. 진정한 성공은 타인과 나누는 삶이다. '나와 너'가
행복해지는 것이다.

　가장 값진 재산은 사람이다. 그런 면에서 가장 중요한 능력은 인간관
계 능력이다. 사람이 가장 중요하다는 것을 기억해야 한다. 무엇보다 행
복은 좋은 인간관계에서 나온다. 행복하면 내 능력을 십분 발휘하게 된
다. 아니 행복하면 내 능력 이상을 발휘할 수 있다. 성공으로 이끄는 기
회 역시 사람에게서 나온다. 그러니 인간관계를 잘 맺기 위해 노력하자.
남에게 잘 보이기 위해 스트레스를 받으라는 말이 아니다. 당신 자신과
의 관계를 잘 맺어 행복해져서 넉넉한 마음으로 상대를 대하면 된다. 그
리고 인간관계 기술을 활용하면 된다. 그러면 당신과 관계를 맺는 사람
들이 당신에게 다양한 정보와 기회를 줄 것이다.

　『부와 성공의 인사이트, 유대인 탈무드 명언』에는 이런 말이 나온다.
　"참된 인연이야말로 인생을 성공으로 이끌 수 있는 제1의 요소이다."

인생이란
관계의 연속이다

지난 4월 18일 코로나19 사태로 인한 사회적 거리 두기가 2년 1개월 만에 전면 해제됐다. 끝날 것 같지 않던 사회적 거리 두기가 드디어 끝난 것이다. 이에 대해 여전히 논란이 있지만 코로나19 바이러스에 대한 두려움은 많이 사라진 듯하다. 이후 5월 어린이날이 있는 주간과 6월 지방선거와 현충일이 있는 연휴 기간에는 오랜만에 도로가 막혔다. 특히 내가 살고 있는 하남시 스타필드 주변 도로의 차는 거의 멈춰 있었다. 2년이라는 시간 동안의 거리 두기가 얼마나 답답했는지를 말해주는 것 같았다.

그러나 나는 여전히 거리 두기를 접하고 있다. 바로 관계의 거리 두기이다. 이 책을 쓰기 위해 인간관계에 관련된 수십 권의 책을 읽었다. 책들 대부분은 관계의 거리 두기를 다뤘다. 적절한 거리 두기가 관계를 지키는 비결이라는 것이다. 그뿐만 아니라 끊어야 할 관계유형과 관계를 끊는 방법 등을 제시하는 책도 많았다. 유튜브나 블로그를 검색해도 쉽게 찾을 수 있는 주제이다. 그만큼 사람들은 좋지 못한 관계 때문에 힘들어하는 것이리라. '근묵자흑(近墨者黑)'이라는 사자성어가 있다. 검은 먹을 가까이하면 검어진다는 뜻으로 어떤 환경이나 사람을 만나느냐에 따라 영향을 받는다는 의미이다. 그러나 관계를 끊는 것은 신중해야 한다. 쉽게 관계를 끊다 보면 좋은 사람과의 관계도 놓칠 수 있기 때문이다.

내가 아는 지인은 오해로 인해 10년 이상 맺은 좋은 관계를 끊어버렸다. 안타까운 것은 서로의 입장을 조금만 이해하고 대화했으면 해결될 수 있는 문제였다는 것이다. 갈등이 없는 관계란 없다. 갈등을 해결하는 과정에서 상대를 더 깊이 이해할 수 있게 된다. 갈등을 해결할 때 서로의 관계가 성숙해지는 것이다. 많은 사람이 갈등이 없는 관계가 좋은 관계라고 생각한다. 그것은 엄청난 착각이다. 좋은 인간관계는 갈등이 없는 관계가 아니다. 좋은 인간관계는 갈등을 극복하는 관계이다. 갈등을 통해 더 좋은 관계로 발전되는 것이다.

연애도 마찬가지다. 대체로 연애는 기쁜 마음으로 상대에게 나를 주고 싶은 마음이 들 때 시작한다. 그러나 익숙해지면 상대의 소중함을 잊고 자기 중심성이 나타난다. 그때부터 갈등이 생긴다. 이때 많은 연인이 관계를 포기하거나 덮어둔다. 소수만이 관계를 개선하려고 노력한다.

사실, 관계를 포기하는 일은 쉽다. 그러나 쉽게 관계를 포기하면 친밀한 관계를 형성하기는 어렵다. 계속 새로운 관계를 맺어야 한다. 새로운 관계를 맺는다는 것 자체가 또 다른 스트레스가 된다. 또한, 관계를 포기하면 상대가 어떤 사람인지 제대로 알기도 요원하다. 사람은 다 다르다. 가치관과 관점, 그리고 생각이 다르다. 어떤 면에서 친밀해지면 갈등이 생기는 것은 당연한 것이다. 그러니 갈등을 직면할 용기와 해결할 수 있는 능력이 있어야 한다.

인격주의 철학자 마르틴 부버는 이렇게 말했다.
"모든 참된 삶은 만남이다."
"인간 존재의 근본적인 사실은 인간과 함께 하는 인간이다."

마르틴 부버는 『나와 너』라는 책을 통해서 19세기의 화두를 완전히 바꿨다. 사람에게 있어서 만남이 가장 중요하고, 관계가 가장 중요하다고 강조한 것이다. 좋은 관계를 만드는 것은 사람에게 가장 중요하다. 어떠

한 관계를 맺느냐는 삶의 질을 결정지을 수 있을 만큼 큰 영향력을 미치기 때문이다.

　아무리 내향적인 사람일지라도 관계를 맺지 않는 사람은 없다. 인간관계가 힘들어 회피하려고 하는 사람도 혼자서는 살 수 없다. 정말 친밀한 관계가 한 명도 없다면 더 큰 외로움을 겪을 뿐이다. 인간은 태어나면서부터 필연적으로 관계를 맺는다. 혼자서 태어나고 성장할 수 있는 사람은 존재하지 않는다. 태생적으로 관계의 동물이라는 것이다. 상담이론 중 하나인 '대상 관계' 이론에 따르면 한국 나이로 1세부터 5세까지의 관계 경험이 평생을 좌우한다고 한다. 그때의 관계 경험이 관계의 패턴뿐만 아니라 심리적인 건강을 결정한다는 것이다. 유아 때의 관계만 중요할까? 전 생애에 걸쳐 인간관계는 가장 중요하다.

　물론 인간관계가 다 좋지만은 않다. 나를 원수같이 힘들게 하는 사람도 있고, 금전적인 피해를 보게 하는 사람도 있다. 그러나 우리 인생에 힘들고 기뻤던 모든 순간에는 항상 누군가가 옆에 있었다. 사람 때문에 울고 사람 때문에 웃고 사람 때문에 다시 힘을 내는 것이 인생이다. 우리는 앞으로도 끊임없이 누군가를 만나게 될 것이다. 그러니 행복하게 살고 싶다면 반드시 인간관계 능력을 향상시켜야 한다.

심수명 교수는 한 강의에서 이렇게 말했다.

"좋은 관계는 '이 인간 다시는 안 본다. 이럴 줄 몰랐다.'라는 마음을 세 번은 극복해야 형성됩니다."

무조건 참는 것이 좋은 것은 아니다. 또한, 정말 참는 것인지, 갈등을 회피하는 것인지 점검해야 한다. 갈등이 있는데 회피하는 것은 친밀한 관계를 하지 않겠다는 것과 같다. 이는 용서와는 전혀 다른 것이다. 무엇보다 친밀하고 건강한 인간관계를 위해서는 화해를 해야 한다. 먼저 갈등을 진솔하게 직면하고 서로의 감정을 확인해야 한다. 왜 그런 감정이 들었는지 묻고 서로 경청해야 한다. 그리고 공감해주며 잘못한 것이 있다면 사과를 해야 한다. 이때 필요한 것이 의사소통 기술이다. 이러한 과정을 통해 서로를 더 깊이 이해하게 된다. 또한, 서로가 상대를 위해 노력하고 있다는 진실한 마음을 느끼게 된다. 그래서 화해의 관계가 되어야 건강하고 행복한 관계가 되는 것이다. 이것이 '나와 너'가 성장하고 성숙해지는 과정이다.

나는 한때 '하나님께서 왜 결혼을 하게 하셨을까?'라는 생각을 했었다. 그리고 '교단에서는 왜 목사 안수를 받는 조건에 결혼을 포함했을까?'라는 생각도 했다. 결혼하지 않고 혼자 살면 사역에 더 집중할 수 있을 것 같은데 말이다. 그러나 결혼해서 아들을 낳고 양육하면서 왜 그런지 이해가 됐다. 아내와 갈등을 겪고 해결하는 과정에서 나는 더 성장할 수 있었다. 또한, 아들을 양육하며 더 많은 것을 배웠다. 나 한 사람이 성인이 되기까지 부모님이 얼마나 큰 사랑을 베풀고 노력을 하셨는지 몸소 체험했다. 결혼해서 아이를 양육하지 않으면 결코 배울 수 없는 것들이었다. 부부관계, 부모와 자녀 관계는 회피할 수 없기 때문이다. 회피하면 눈덩이처럼 더 큰 갈등과 고통으로 돌아온다. 나는 결혼생활을 통해 사랑은 감정이 아니라 행동하는 것임을 절실하게 배웠다.

사실 가족관계가 좋은 사람은 어떤 사람과도 좋은 관계를 맺을 수 있다. 가장 어려운 관계가 가족관계이기 때문이다. 반대로 가족관계가 좋지 않은 사람은 피상적인 관계는 잘할지 모르지만 친밀한 관계를 맺는 일이 어렵다. 가장 가까워야 할 가족과의 관계가 좋지 않다는 것은 갈등을 해결할 관계 능력이 부족하다는 것이기 때문이다. 물론 가족관계에서도 어쩔 수 없는 경우도 있다. 그렇다면 더욱더 인간관계 능력을 향상시켜야 한다.

요즘 대한민국 국가대표 축구는 카타르 월드컵 준비로 친선 경기를 자주 한다. 얼마 남지 않은 월드컵 일정으로 선발 경쟁이 치열하다. 선수들은 선발 선수가 되기 위해 열심히 땀을 흘리며 훈련한다. 또한, 경기에

출전한 선수들은 최선을 다한다. 경기 결과가 좋고 좋은 경기력을 보인 선수들의 얼굴에는 기쁨과 환희가 가득하다. 그러나 그렇지 못한 경우에 선수들은 눈물을 흘리기도 한다. 축구는 한 사람이 하는 경기가 아니다. 한 사람 한 사람의 실력도 중요하지만, 팀워크가 더 중요하다. 중요한 것은 훈련되지 않으면 좋은 경기 결과를 얻을 수 없다는 것이다. 인간관계도 마찬가지다. 인간관계의 능력을 키우지 않으면 눈물 흘릴 일이 많아진다.

인생이란 관계의 연속이다. 어느 누구도 관계를 피할 수 없다. 관계 능력 여하에 따라 인생의 행불행이 결정된다고 해도 과언이 아니다. 인간은 관계를 통해 실망하거나 분노하지만, 관계를 통해 위로받고 성장한다. 그러니 갈등을 회피하지 말고 용기를 내 직면하고 해결하는 과정을 즐기자. 싸움닭처럼 예민하게 굴고 싸우라는 말이 아니다. 갈등을 겪으며 나와 상대의 마음을 듣고 이해하고 공감하며 성장하라는 것이다. 그 과정이 당신의 인간관계 능력을 향상하게 할 것이다. 그리고 당신에게는 건강하고 행복한 인간관계를 맺는 좋은 사람들이 많아질 것이다.

19세기 러시아를 대표하는 위대한 작가이자 사상가인 톨스토이는 이렇게 말했다.

"인생에서 가장 중요한 3가지가 있다. 첫째는 이 세상에서 가장 중요한 시간이 언제인가? 현재다. 둘째는 이 세상에서 가장 중요한 사람이 누구인가? 지금 내가 대하고 있는 사람이다. 셋째는 이 세상에서 가장 중요한 일이 무엇인가? 지금 내 곁에 있는 사람에게 선을 행하는 일이다."

03

받고 싶다면
먼저 주어라

나는 배재학당으로 불렸던 배재고등학교를 졸업했다. 배재고등학교는 1885년 미국인 의료선교사 헨리 G. 아펜젤러가 설립한 우리나라 최초의 근대 학교이다. 고종 황제가 배재학당이라는 학교명을 하사했다. 기독교 학교여서 그런지 학교 교훈이 성경 말씀 중 한 구절이었다. 바로 '크고자 하거든 남을 섬겨라.'이다.

지금 생각해보면 정말 멋진 교훈이다. 그러나 당시에는 전혀 공감되지 않았다. '어떻게 크고자 하는데 남을 섬기라는 거야? 말이 되는 소릴 해야지?'라고 생각했다. 사춘기 소년의 짧은 생각으로는 도무지 이해되지 않았다. 그러니 그 교훈을 실천할 리 만무했다.

그러나 그 당시 나를 돌아보면 내게 먼저 잘해주는 친구를 좋아했었다. 또한, 인기를 많이 얻고 있는 친구들의 특징은 잘 베푼다는 것이었다. 학교 교훈을 이해하지 못했지만 실제로는 그런 친구들을 좋아했던 것이다. 제자들을 양육할수록 점점 더 '크고자 하거든 남을 섬겨라'란 교훈이 공감된다. 먼저 베풀고 섬기는 제자에게 마음이 가는 것도 사실이다. 반대로 자기 이익만 챙기는 사람은 금방 눈에 띈다. 주는 것 없이 미운 사람이란 바로 그런 사람이 아닐까?

이민규 교수는 『끌리는 사람은 1%가 다르다』에서 한 증권회사 직원을 대상으로 한 설문 조사에 대해 말한다.

"직장 상사들은 조그만 손해도 안 보려는 '개인주의자'들을 최악의 직원으로 꼽았다. 부하직원들 역시 책임은 지지 않고 공만 챙기려는 '얌체' 상사를 꼴불견 1위로 꼽았다."

그러면서 자신의 수업을 듣는 학생들도 '자기 이익만 챙기는 얌체', '남에게 받기만 하고 베풀 줄 모르는 빈대 같은 사람'을 최악의 친구로 꼽았다고 한다. 사실 굳이 설문 조사를 하지 않아도 자기 이익만 챙기는 얌체를 좋아할 사람은 없다. 또한, 그런 사람들은 금방 탄로 난다. 작은 것을 취하려다 더 큰 것을 잃는 소탐대실의 어리석음을 범하는 꼴이다. 그런 사람들의 주변에 좋은 사람이 있을 턱이 없다. 마음을 주는 사람 한 명 없다면 얼마나 불행한 일인가?

협상의 달인으로 불리는 『협상의 비법』의 저자 로저 도슨은 이렇게 말했다.

"상대방이 원하는 것을 줄 때 상대방은 당신이 원하는 것을 준다."

원하는 것을 얻기 원한다면 먼저 상대가 원하는 것을 줘야 한다. 인간관계는 주고받지 않으면 건강하게 유지될 수 없다. 가장 친밀하고 중요한 부부관계도 마찬가지다. 사랑도 주고받는 것이다. 일방적으로 주기만하거나 받기만 하는 관계라면 결코 건강한 관계라고 볼 수 없다. 가족 상담에서는 부부관계가 늘 한쪽의 의견만 관철된다면 학대일 가능성이 크다고 본다.

『사랑을 물어봐도 되나요?』의 저자 이남석은 이렇게 말한다.

"사랑을 적극적으로 표현하기보다는 상대방에게 사랑을 받는 것으로 자신의 사랑을 인정받고 싶어 한다. 그러다 보면 서로 기대가 커지고 결국 서운함만 많아진다. 우리는 사랑한다면서 서로 얼마나 서운한가만 목터지게 이야기한다."

사랑을 주려고 하기보다는 상대방에게 받으려고 하는 것에서부터 관계의 문제는 시작된다. 대부분의 부부관계 문제는 거의 여기에서 발생한다고 해도 과언이 아니다.

사랑을 받는 것이라고 오해하는 것이다. 어떻게 하면 사랑을 받을 수 있을지에만 관심을 가지면 관계는 좋아질 수 없다. 오히려 관계에서 상처만 받게 된다. 반대로 내가 한만큼 돌아오지 않으면 그것만큼 서운한 일이 없다. '내가 이렇게 잘했는데 이런 대접을 받아야 해?'라는 생각이 들게 마련이다.

성경 마태복음 7장 12절에 예수님이 제자들에게 인간관계에 관련해 이렇게 교훈하신다.

"그러므로 너희는 무엇이든지, 남에게 대접을 받고자 하는 대로, 너희도 남을 대접하여라. 이것이 율법과 예언서의 본뜻이다."

이 말씀은 기독교 윤리의 핵심이자 행동 규범이다. 일명 '황금률'로 불린다. 이 말씀은 내가 남에게 기대하는 만큼 남도 나에게 그 이상으로 기대하고 있음을 가르쳐준다. 이는 "네 이웃을 네 몸과 같이 사랑하라"라는 말씀과 유사한 의미이다. 성경은 나를 사랑하는 것처럼 이웃을 사랑하라고 말씀한다. 인간의 받기만 하려는 마음을 정확하게 알고 그에 따른 가장 합리적인 비유로 교훈하는 것이다.

그러나 예수님이 대접받고자 하는 대로 남을 대접하라고 하신 말씀은 조금 의아하다. 대접받기 위해서 남을 대접하라는 의미로도 보이기 때문이다. 만일 내가 상대를 대접했는데 상대가 그만큼의 반응을 하지 않는다면 어떻게 해야 할 것인가? 소위 끊어야 할 관계인 것인가? 예수님도 관계를 끊어야 한다고 말씀하시는 것일까? 나는 처음에 이 말씀이 제대로 이해되지 않았다. 그러다 마태복음 7장 12절을 시작하는 "그러므로"라는 단어에서 답을 찾았다. "그러므로"란 앞의 내용이 뒤에 나오는 내용의 이유나 원인, 또는 근거가 될 때 쓰는 접속 부사이다. 그러니 마태복음 7장 12절의 앞 구절과 연결해서 해석해야 한다.

마태복음 7장 12절의 앞 구절인 마태복음 7장 7절부터 나오는 구절은 기도에 관한 교훈이다. "구하여라, 그리하면 하나님께서 너희에게 주실 것이다. 찾아라, 그리하면 너희가 찾을 것이다. 문을 두드려라, 그리하면 하나님께서 너희에게 열어주실 것이다. … 너희가 악해도 너희 자녀에게 좋은 것을 줄 줄 알거든, 하물며 하늘에 계신 너희 아버지께서, 구하는 사람에게 좋은 것을 주지 아니하시겠느냐?"

하나님께서 기도하는 자에게 좋은 것을 주시겠다는 말씀이다. 이후 "그러므로 너희는 무엇이든지, 남에게 대접받고자 하는 대로, 너희도 남을 대접하여라"라고 말씀하신다. 기도 응답에 대해 말씀하시다가 갑자기 인간관계를 교훈하신다. 무슨 뜻일까? 하나님께서 "내가 너희에게 좋은 것을 줄 테니 너희는 남을 대접하라"라고 하시는 것이다. 그렇다. 하나님께서 나에게 좋은 것을 주시니 상대가 내가 한만큼 돌려주지 않더라도 서운해할 필요가 없다. 하나님께서 더 좋은 것을 주실 테니 말이다.

예수님은 성경 누가복음 6장 38절에서 이렇게 말씀하셨다.

"주라. 그리하면 너희에게 줄 것이니 곧 후히 되어 누르고 흔들어 넘치도록 하여 너희에게 안겨 주리라"

내가 누군가에게 주면 넘치도록 주신다는 약속의 말씀이다. 누가 주시는가? 하나님께서 주신다. 이것이 성경을 통해 우리에게 말씀하시는 인간관계의 교훈이다. 하나님의 말씀인 성경은 역설의 진리가 많다. 인간적인 생각으로는 이해하기 어렵지만, 그 안에 진리가 담겨 있다.

이렇게 말씀하신 예수님은 이 말씀의 수준을 넘는 사랑을 실천하셨다. 예수님은 섬김을 받으러 오신 것이 아니라 섬기고 자기 목숨을 많은 사람의 대속물로 주려고 오셨다(마태복음 20장 28절). 앞서 말한 배재고등학교 교훈에 이어 예수님이 하신 말씀이다. 배재고등학교 교훈은 마태복음 20장 26절을 요약한 것이다.

그러나 내 입장에서는 상대에게 무언가를 받았다면 반드시 되갚아야 한다. 아니 더 좋은 것으로 되갚는 습관을 들여라. 내게 준 상대에게 감사하고 상대가 서운하지 않도록 해야 한다. 나는 상대에게 준 것에 대한 보답을 바라지 않더라도 나는 상대에게 보답해야 한다. 하나님께서 상대에게 주시는 것은 하나님께서 주시는 것이고 나는 나대로 할 일을 해야 한다. 작은 것에도 감사를 표현하는 것이 인간관계를 좋게 하는 비결 중의 비결이다. 게다가 나 자신에게도 그것이 큰 유익을 끼친다. 상대가 베푼 것에 대해 감사할 때 행복하고 긍정적인 상태가 되기 때문이다. 또한, 받기만 하는 것도 습관이 된다. 받은 것에 감사할 줄 모르는 어리석고 자기만 아는 얌체가 되기 십상이다. 사람들이 기피하는 대상이 되는 것이다.

　나는 목사의 아들이면서 삼 남매 중에 막내였다. 그러다 보니 받는 것에 익숙했다. 그래서 제자훈련을 받을 때 섬기는 것이 익숙하지 않았다. 잠깐 생각을 놓으면 어느 순간 섬김을 받고 있었다. 섬기려고 힘써야만 했다. 그 습관을 고치느라 꽤 애를 먹었다. 처음에는 섬기는 일이 쉽지 않았지만, 점차 섬기는 기쁨을 경험했다. 사실 아내와 연애할 때도 선물할 때가 가장 행복했다. 결혼해서도 마찬가지다. 내가 성공하고 싶은 이유 중의 하나도 사랑하는 사람들에게 좋은 선물을 많이 하기 위해서이다. 먼저 줄 때 오는 기쁨이 있다. 그 기쁨을 누릴 때 인간관계는 행복해진다. 그러니 의도적으로 먼저 주는 훈련을 해야 한다. 생각하고 실행할 때 큰 자가 될 것이다.

　인간관계의 황금률은 먼저 주는 것이다. 그러면 내가 준 것보다 더 좋은 것을 받는다. 지금 당장의 이익을 위해 받기만 하려는 태도는 사람을 잃고 더 좋은 것을 받을 기회를 놓치는 것이다. 콩 심은 데 콩 나고 팥 심은 데 팥 난다. 받고 싶다면 먼저 주어라. 받았다면 반드시 보답하라. 그래야 사람을 얻고 더 좋은 것을 얻는다. 인간관계는 심은 대로 거두는 것이다.

04

행복한 관계를
선택하라

'다른 사람에게 어떻게 보일까?'

'다른 사람이 어떻게 생각할까?'

'상대가 기분 나쁘지는 않을까?'

이렇게 생각하면 얼마나 스트레스를 받을까? 실제로 내가 상담한 사람 중에 상당수가 이렇게 생각하고 있었다. 그러니 사람을 만나는 자체로 스트레스를 받는다. 내가 할 수 있는 것은 최선을 다해야 한다. 다만 즐기면서 하는 것이 중요하다. 첫인상을 좋게 하는 것도 표정과 의사소통에 신경 쓰는 것도 즐기면서 해야 한다. 상대의 기분만을 신경 쓰면 신경 증에 걸리고 말 것이다. 생각을 바꿔보자.

'다른 사람이 얼마나 좋아할까?'
'오늘 ○○을 만날 생각을 하니 정말 행복하다.'

어떻게 생각하느냐에 따라 감정이 달라진다. 내 감정이 긍정적이면 여유가 생긴다. 여유가 생기면 어떤 상황에서도 내가 가진 장점을 발휘할 수 있게 된다. 대부분의 문제는 여유가 없어서 발생한다. 실수도 여유가 없기 때문에 하게 되는 것이다.

신학대학원을 다닐 때 교육전도사로 청년부를 담당했었다. 당시 유초등부를 섬기던 전도사님이 건강이 안 좋아 갑작스럽게 휴직했다. 게다가 교회학교가 가장 바쁜 7월이었다. 갑작스러운 유초등부 전도사님의 휴직에 담임 목사님은 내게 한 달 동안 유초등부까지 담당하라고 하셨다. 어쩔 수 없는 상황이었다. 그런데 그때까지 나는 유초등부를 맡아본 적이 없었다. 중고등부와 청년부 경험이 전부였다. 당장 며칠 후에 유초등부 예배를 인도하며 설교해야 하는데 얼마나 당황스러웠는지 모른다. 부랴부랴 유초등부를 담당하고 있는 신학대학원 동기들에게 정보를 구했다. 그리고 당시 내가 선교단체에서 양육하던 제자에게 조언을 구했다. 그 제자가 현직 초등학교 교사였기 때문이다. 내 말을 듣고 제자는 이렇게 말했다.

"초등학생들하고 얘기한다고 생각하세요."

"뭐?!"

망치로 머리를 맞은 것 같았다. 좋은 의미에서 말이다. 정신이 번뜩 차려졌다. '그래. 내가 초등학생들한테 설교하는 건데 왜 긴장을 하지?' 나도 모르게 헛웃음이 나왔다. 그리고 초등학생들에게 설교하는 것을 긴장했던 내가 부끄러워졌다. 초등학교 교사인 제자의 한마디 말에 생각이 완전히 바뀌었다. 그리고 나는 유머 감각을 발휘하며 한 달 동안 유초등부 예배를 인도했다. 생각이 바뀌니 감정도 긍정적으로 변해 여유를 찾게 된 것이다. 그 결과 내가 가진 장점을 십분 발휘할 수 있었다.

철학자 에픽테투스는 이렇게 말했다.

"인간은 일어난 사건에 의해서가 아니라 그 사건에 대한 자신의 생각 때문에 고통을 느낀다."

사건이 아니라 그 사건에 대한 자신의 생각이 중요하다. 자신의 생각이 '부정적이냐? 긍정적이냐?'에 따라 내가 느끼는 감정은 완전히 달라진다. 그 생각은 내가 선택하고 결정하는 것이다. 어느 누구도 선택과 결정을 억지로 하게 만들 수는 없다. 또한, 내 선택과 결정에 따라 나의 감정과 삶은 완전히 달라진다.

인간관계에서도 생각이 가장 중요하다. 상대의 언행을 어떻게 해석하느냐에 따라 내 감정이 달라지는 것이다. 생각은 인간관계의 질을 결정한다.

내가 아는 지인 중의 한 명은 인간관계가 힘들다고 생각한다. 그동안 인간관계에서 상처도 많이 받았다. 그래서 사람을 만날 때 미리 걱정한다. 걱정하는 것에 자신의 에너지를 사용한다. 사람을 만나기도 전에 지친다. 그러니 사람을 만나는 것이 더 힘들게 느껴지고 예민해진다. 그 결과 역시 인간관계는 힘들다고 믿게 된다. 자신의 부정적인 생각을 그렇게 증명해가는 것이다. 누가 인간관계를 힘들게 만들었는가? 자기 자신이다. 또한, 그를 만나는 사람들은 그의 표정과 태도에 기분이 상할 가능성이 크다. 표정과 태도에서 관계를 맺고 싶지 않다는 것이 비치기 때문이다. 그러니 상대도 호의적으로 대하지 않게 된다. 어느 누구도 표정과 태도가 좋지 않은 사람을 좋아하지 않는다. 이 또한 인간관계를 힘들게 하는 패턴이 된다. 이런 부정적인 패턴을 어디서부터 바꿔야 할까?

반대로 또 다른 지인은 인간관계가 좋다. 그는 인간관계 맺는 것을 긍정적으로 생각한다. 그러니 사람을 만날 때 표정과 태도가 좋다. 특별히 문제가 있는 사람을 만나지 않는 한 그는 인간관계에서 기쁨과 행복을 얻는다. 실제로 그는 코로나19 사태로 모두가 취업을 걱정할 때 오히려 더 좋은 대우를 받으며 이직했다. 인간관계가 좋으니 좋은 정보를 주는 사람들이 많았던 것이다. 누군가 직원을 구하면 그를 추천한다. 취업난 으로 어렵다고 하지만 직원을 구하는 고용주 입장에서는 좋은 사람을 구하기가 어렵다. 사업하는 사람들은 좋은 사람을 구하는 것이 가장 어렵다고 하나같이 말한다. 특히 요즘은 직원들의 눈치를 보게 된다고 한다. 직원들이 회사나 상사가 안 맞는다고 생각하면 너무나 쉽게 퇴직을 하기 때문이란다. 그래서 사업가 중에는 실력보다 인격과 협력을 잘하는 인간 관계 능력을 더 중요하게 여기는 사람이 많다. 그는 인간관계가 행복하다고 생각했다. 그 결과 인간관계에서 여러 가지 유익과 행복을 누리고 있다. 행복한 관계를 선택한 것이다.

맥스웰 몰츠는 『맥스웰 몰츠 성공의 법칙』에서 '행복은 얻는 게 아니라 추구하는 것'이라고 했다. 그는 이렇게 말한다.

"행복하게 살아라. 그러면 착해지고, 더 성공하고, 더 건강하고, 남들을 더 너그럽게 바라보고 따뜻하게 대할 것이다."

행복하게 살 때 얻는 유익이 많다는 것이다. 무엇보다 행복하게 살 때 남들을 더 너그럽게 바라보고 따뜻하게 대하게 된다는 것이다. 이어서 이렇게 말한다.

"행복은 정신적 습관이며 태도이기 때문에 바로 지금 배우거나 연습하지 않으면 경험할 수 없다. 또 행복은 어떤 외적인 문제를 해결함으로써 부수적으로 얻을 수도 없다. 한 문제를 해결하면 또 다른 문제가 생기기 마련이다. 인생은 문제의 연속이다. 만일 행복해지고 싶다면 반드시 행복해져야 한다. 그것뿐이다. 자꾸 따진다고 행복해지는 게 아니다."

사람들이 일반적으로 생각하는 행복에 대해 역발상적인 원리를 말하고 있다. 나는 행복은 자신의 선택에 달려 있다고 생각한다. 아무리 많은 부와 명예를 얻어도 불행한 사람들이 있다. 반대로 가진 것은 별로 없지만, 행복하게 사는 사람들도 있다. 행복은 어떤 상황이나 조건에 의해 주어지는 것이 아니다. 자기 자신이 선택하는 것이다. 의도적으로 긍정적으로 생각하고 행복을 선택해야 한다. 행복을 선택하면 행복한 것들이 보인다. 반대로 부정적인 사람들은 어떤 상황에서도 부정적인 것을 찾아낸다. 비판하려고 작정하면 이 세상에 완벽한 것이 존재할까? 마찬가지로 긍정적인 것을 찾아내면 어떤 상황에서도 긍정적인 것은 존재한다. 고난은 변형된 축복이라는 말이 있다. 고난조차도 축복으로 만들 수 있다는 것이다. 어떤 생각을 선택하느냐의 차이이다. 인간관계도 마찬가지다. 위선을 떨거나 거짓으로 생각하라는 것이 아니다. 긍정적인 것을 찾아보라는 것이다.

먼저 자기 자신과의 행복한 관계를 선택하자. 앞서 말한 바와 같이 항상 내가 먼저다. 사람은 누구나 자기 자신에게 있는 것을 낼 수밖에 없다. 행복하지 않은 사람이 타인과 행복한 관계를 맺을 수 없다. 나와의 관계에서 행복해야 다른 사람과의 관계에서도 행복할 수 있다. 또한, 사랑을 알아야 사랑을 줄 수 있다. 내가 알지 못하고 경험하지 못한 것을 어떻게 다른 사람에게 주겠는가? '같은 물을 독사가 마시면 독을 만들지만 젖소가 마시면 젖을 만든다.'라는 말이 있다. 내가 어떤 생각을 하는지에 따라 인간관계는 달라진다. 결국, 인간관계는 나와의 관계에서 결정되는 것이다.

인간관계를 힘들게 하지 말자. '피할 수 없으면 즐겨라'라는 말이 있다. 인간관계는 피할 수 있는 것이 아니다. 그러니 즐길 수 있는 나만의 방법을 찾아야 한다. 먼저 생각을 긍정적으로 바꾸자. 자기 자신에 대해 생각을 긍정적으로 하도록 바꾸고 상대에 대해서도 생각을 긍정적으로 하자. 누구든지 장점이 있다. 장점에 집중하자. 그리고 행복을 선택하자. 행복은 어떤 상황이나 조건에 의해 주어지는 것이 아니다. 내가 선택하는 것이다. 내가 행복하면 된다. 내가 행복할 때 인간관계도 행복해진다.

복 중의 복은
만남의 복이다

미국 컬럼비아대학교에서 큰 성공을 거둔 수백 명의 CEO를 대상으로 설문 조사를 했다. 질문은 "당신이 성공한 가장 중요한 비결은 무엇인가?"였다. 조사 결과 뛰어난 업무능력을 비결로 꼽은 CEO는 15%도 되지 않았다. 반면에 85%가 성공비결을 '훌륭한 인간관계'라고 답했다.

성공하기 위해서는 인간관계 능력이 필요하다. 앞서 말한 두진문 회장은 나와 함께한 특강에서 자신이 성공할 수 있었던 비결 2가지를 말했다.

"제가 성경에서 찾은 성공하는 비법은 2가지입니다. 바로 '먼저 주어라'

와 '만남'입니다."

두진문 회장은 이 2가지를 평생 실천했다고 한다. 나도 그렇다. 내가 하나님 외에 가장 중요하게 여기는 것은 '사람'이다. 하나님께서 '사람'을 중요하게 여기시기 때문이다. 그래서 신학을 공부했고 상담을 공부했다. 『성경에서 찾은 더 크게 성공하는 법』을 집필한 목적도 사람을 더 잘 돕기 위해서였다. 지금 이 책을 집필하고 있는 것도 사람들에게 도움을 주기 위해서이다. 내가 생각하는 최고의 성공은 사람들을 잘 돕는 것이다.

『서경』〈홍범편〉에서는 오복 즉, 5가지의 복을 말한다. 오복은 수(壽), 부(富), 강녕(康寧), 유호덕(攸好德), 고종명(考終命)이다. 수는 장수를, 부는 부유하고 풍족한 것을, 강녕은 몸이 건강하고 마음이 편안한 것을, 유호덕은 덕을 좋아한다는 뜻으로 건강하다면 이웃이나 다른 사람을 위해 봉사하자는 것이다. 마지막으로 고종명은 명대로 살다가 편안히 죽는 것을 의미한다.

사람에게 가장 좋은 복은 건강하게 오래 살다가 편안하게 죽는 것일 것이다. 그래서 나는 유전자 검사를 통해 건강을 관리할 수 있도록 돕는 '제네틱 웰니스 컨설턴트(유전자 컨설턴트)'가 됐다. '제네틱 웰니스 컨설턴트(유전자 컨설턴트)'는 개인의 생활습관부터 식습관, 그리고 운동방법까지 각자의 유전자에 맞는 라이프 스타일을 조언해주는 직업이다. 남들의 몸에 좋다고 무조건 내게도 좋은 것은 아니다. 각자에게 맞는 영양소나 운동방법이 있다. 남들에게 좋은 것이 오히려 나에게는 안 좋은 영향을 미칠 수도 있기 때문이다. 그래서 나의 유전자가 어떤지 알아야 한다. 유전자 검사를 하면 내게 필요한 영양소가 무엇인지, 어떤 것을 조심해야 하는지 상세하게 알 수 있다. 질병 예방뿐만 아니라 비만 관리, 피부, 모발 관리, 어린이 진로적성 관리, 운동방법 등을 관리할 수 있다. 100세 시대를 맞은 오늘날 건강하게 사는 것이 가장 큰 복일 것이다. 그러니 '제네틱 웰니스 컨설턴트(유전자 컨설턴트)'는 사람들의 건강을 돕는 미래 가치가 큰 직업이다. 앞으로 점점 더 성장하고 발전할 수밖에 없다. 유전자 검사를 하고 컨설팅을 받고 싶다면 내게 연락하라. '제네틱 웰니스 컨설턴트(유전자 컨설턴트)'가 되는 방법도 상세히 알려주고 적절한 도움을 주겠다.

건강하다면 다음으로 중요한 복은 바로 유호덕이다. 타인에 대한 선한 마음은 인간관계에서 가장 중요한 덕목이다. 노먼 토머스는 이렇게 말했다.

"행복한 삶의 비밀은 올바른 관계를 형성하고 그것에 올바른 가치를 매기는 것이다."

사실 나는 최고의 복은 만남의 복이라고 확신한다. 어떤 사람을 만나느냐에 따라 인생의 방향이 달라지기 때문이다. 그러니 한 사람 한 사람의 만남을 소중히 여겨야 한다. 그 만남을 통해서 인생이 어떻게 변할지 모른다. 감사하게도 나는 만남의 복을 많이 받았다.

내 인생의 첫 번째 만남의 복은 신학대학교를 다닐 때 받았다. 나는 하나님으로부터 목사로 소명을 받은 후 23세에 신학대학교에 입학했다. 정말 열심히 공부했다. 잠이 많던 내가 하루에 5시간 이상 자지 않고 공부에 열중했다. 그 결과 4년 내내 장학금을 받았고 수석으로 졸업했다. 그뿐만 아니라 교회에서 여러 가지 봉사를 하며 섬겼다. 지금 생각해보면 교육전도사 때보다 더 열심히 봉사했던 것 같다. 그러나 나는 뭔가 부족하다는 생각이 들었다. 목사가 되려면 사람을 잘 도울 수 있어야 한다고 생각했기 때문이다. 그래서 좋은 멘토를 붙여주시기를 간절히 기도했다. 감사하게도 하나님께서 학교에서 편입생 형을 만나게 해주셨다. 그 형은 뭔가 남달랐다. 그 형과 대화를 하면 고민이 해결되어 마음이 시원해졌다. 알고 보니 그 형은 제자훈련으로 탁월한 목사님에게 훈련을 받고 있었다. 나는 그 형에게 제자훈련을 가르쳐달라고 부탁했다. 나도 성장하고 남을 돕는 방법을 배우고 싶은 마음이 간절했기 때문이다. 그때부터 제자훈련을 받았다. 이후 총신대학원에 입학하면서 그 형의 멘토였던 목사님에게 직접 훈련을 받았다. 사람을 돕는 것에 대해 구체적이고 실제

적인 방법을 그때 배웠다. 이후에 상담을 공부한 것도 제자훈련을 더 잘
하기 위해서였다.

2021년에는 〈한국책쓰기강사양성협회〉의 김태광 대표코치를 만났다.
김태광 대표코치를 통해 '책 쓰기 과정'을 배우고 두 권의 책을 출판했다.
그중 한 권이 『성경에서 찾은 더 크게 성공하는 법』이다. 그때 내 인생의
두 번째 전환점을 맞았다. 책을 통해서 사람들에게 선한 영향력을 미치
게 됐다. 독자들에게 감사하다는 메시지와 전화를 많이 받았다. 또한, 책
을 통해 좋은 사람들과 만날 수 있었다. 이번 책도 김태광 대표코치의 세
심한 가르침과 도움으로 빠르게 집필할 수 있었다. 나의 달란트를 최대
로 활용할 수 있게 도와준 김태광 대표 코치에게 감사하다.

『성경에서 찾은 더 크게 성공하는 법』을 통해 만난 귀한 인연이 많다.
그중 한 분이 〈한국구독경제연합회〉 두진문 회장이다. 내 책을 읽고 감
동했다며 만나자고 문자를 보내왔다. 두진문 회장은 사람들에게 성공할
수 있는 실제적인 방법을 알려주자며 내게 제안했다. 나는 좋은 제안에
감사해 흔쾌히 함께하기로 했다. 그리고 두진문 회장의 배려로 제네틱
웰니스 컨설턴트(유전자 컨설턴트) 자격증을 획득했다. 그리고 구독경제
와 관련된 일을 함께하게 됐다. 두진문 회장은 내게 새로운 비전을 제시

했다. 그것은 개척교회 목사의 새로운 모델이 되는 것이다. 사도 바울처럼 텐트 메이커를 하며 복음을 전하고 사람들을 돕는 것이다. 두진문 회장의 비전 제시에 가슴이 뛴다. 나는 책에 쓴 대로 경제적으로도 성공해서 더 많은 사람을 돕고 선한 영향력을 끼칠 것이다.

아인슈타인은 이렇게 말했다.

"세상을 보는 데는 2가지 방법이 있습니다. 모든 만남을 우연으로 보는 것과 기적으로 보는 것입니다."

나는 만남을 우연으로 보지 않는다. 기적과 같은 복이라고 믿는다. 기독교에는 우연이란 없다고 본다. 모든 것은 하나님의 섭리 즉, 하나님의 계획 안에서 이루어진다. 그래서 나는 좋은 사람들을 만나게 해주신 하나님께 감사드린다.

성경에는 사람과 사람의 만남이 얼마나 영향력이 큰지 보여주는 사건이 많다. 그중의 하나가 사도 바울과 바나바의 만남이다. 사도 바울은 신약 성경을 가장 많이 쓴 위대한 사도이다. 그를 통해 전 세계에 복음이 전해졌다고 해도 무방할 정도로 크게 쓰임 받았다. 그런 그도 처음 예수님을 만나고 변화됐을 때 인간관계로 어려움을 겪었다. 그전까지 그는 교회를 핍박했기 때문이다. 그래서 그리스도인들은 그를 신뢰하지 못했다. 바울은 예수님을 만나 변화되고 복음을 전하는 소명을 받았지만, 그일을 할 수 없었다. 그때 바울이 위대한 사도가 될 수 있도록 도운 것이 바나바였다. 바나바는 바울이 예수님을 만나 변화됐다는 것을 볼 수 있는 안목이 있었다. 또한, 과거의 잘못을 용서할 수 있는 넉넉한 마음이 있었다. 바울이 큰 잘못을 저질렀지만 그를 용서하고 품어주었다. 그뿐만 아니라 바울의 장점을 발견하고 그 장점을 잘 활용할 수 있도록 기회를 주었다. 바울이 지속해서 선한 일을 할 수 있도록 변호해주고 편의를 제공한 것이다.

바나바를 만나 바울은 위대한 사도가 될 수 있었다. 한 사람을 만나는 것이 이렇게 중요하다. 내가 능력이 있어도 그 능력을 발휘할 수 있는 장을 마련하는 것은 또 다른 문제이다. 그 기회를 만들 수 있는 것이 만남이다. 또한, 우리는 바나바를 통해 인간관계에서 중요한 것이 무엇인지 배울 수 있다. 바나바는 상대가 잘못을 회개하고 변화된 것을 분별할 수 있는 지혜가 있었다. 그런 상대를 용서할 수 있는 넉넉한 마음도 있었다. 과거의 잘못만으로 상대를 배척하지 않았던 것이다. 더 나아가 상대의 장점을 보는 긍정적인 안목이 있었다. 그리고 그 장점을 활용할 수 있도록 도왔다. 바나바의 인간관계 능력을 통해 위대한 사도가 탄생하게 됐다. 그리고 많은 사람에게 선한 영향력을 미치는 축복의 통로가 된 것이다.

어떤 사람을 만나느냐가 내 인생을 달라지게 한다. 또한, 내 입장에서는 바나바처럼 타인의 과거로만 평가하지 말아야 한다. 그리고 상대의 장점을 볼 수 있는 긍정적인 안목을 갖춰야 한다. 그런 안목을 갖춘다면 내가 하는 일이나 사업에서 인재를 만나 성공할 가능성이 더 커진다. 가족도 마찬가지다. 과거의 모습으로만 평가할 것이 아니라 장점을 보고 활용할 수 있도록 도와야 한다. 이러한 인간관계 능력은 성공뿐만 아니라 기쁨과 행복을 준다. 내가 복 중의 복은 만남이라고 하는 이유이다.

06

빨리 가려면 혼자 가고,
멀리 가려면 함께 가라

인생의 여정은 단거리 경주가 아니다. 길고 긴 장거리 마라톤과 같다. 그 긴 여정을 가는 동안 좋은 일도 있지만 힘들고 슬픈 일도 겪는다. 코로나19 상황과 같이 어쩔 수 없는 일도 있다.

인생에도 사계절이 있는 것이다. 꽃피는 봄도 있지만, 마음속까지 얼어붙게 하는 겨울도 있다. 힘든 겨울은 더 길게 느껴진다. 때로는 끝날 것 같지 않은 느낌도 받는다. 같은 시간을 보내도 힘겹고 고통스러울 때 더 길게 느껴지는 것이다. 이를 '심리적 시간'이라고 한다.

당신은 고난과 시련이 올 때 어떻게 대처하는가? 나는 2가지 명언을 떠올리며 마음을 다스린다. 하나는 '봄을 이기는 겨울은 없다'이다. 아무리 혹독한 추위의 겨울이라도 결국 봄은 오게 되어 있다. 끝날 것 같지 않다는 느낌은 느낌일 뿐이다. 시간은 언제나 동일하게 흐른다. 오히려 겨울이 추울수록 봄은 더 반갑고 큰 기쁨을 준다.

비슷한 의미이긴 하지만 두 번째로 생각하는 명언은 '이 또한 지나가리라'이다. 이 명언은 유대인들에게 큰 위로와 힘을 주었다. 유대인들은 역사상 큰 시련을 많이 겪었다. 그중에서도 2차 세계 대전 당시 독일의 나치는 유대인 절멸 정책을 펼쳤다. 수용소를 만들어 600만 명 이상의 유대인을 학살했다. 인간이 얼마나 잔인하고 무서운 존재가 될 수 있는지 보여주는 사건이다. 그런 끔찍한 시련을 겪은 유대인들은 '이 또한 지나가리라'를 되새기며 견뎌냈다고 한다. 그렇다. 아무리 힘든 일이라도 영원한 것이란 없다. 반드시 지나가게 되어 있다. 시간은 동일하게 흐르고 있기 때문이다. 고난을 견디면서 지금 내가 할 수 있는 일들을 하면 언젠가 기회는 오게 되어 있다. 그 기회는 준비된 자들만이 잡을 수 있다.

나도 많은 시련을 겪었다. 최근에는 교회를 개척한 이후 경제적인 어려움을 겪었다. 시련 속에서 나는 절망하고 낙심했다. 시련이 계속되자 무기력증에 빠졌다. 그때 내게 힘을 준 것이 '이 또한 지나가리라'라는 말이었다. 그러나 그것만으로는 완전히 일어설 수가 없었다. 아무리 기도하고 생각해도 돌파구가 보이지 않았기 때문이다. 나는 다시 실의에 빠졌다. 그러나 계속 주저앉아 있을 수만은 없었다. 사랑하는 아내와 어린 아들이 있었기 때문이다. 경제적으로 부담스러웠지만, 상담대학원에 입학했다. 경제적인 어려움을 극복하려면 투자가 필요했다. 첫 학기에 '상담이론'이라는 과목을 수강했다. 그 과목 교수는 셀프 상담이라는 과제를 내주었다. 자기 자신을 내담자로 해서 상담하라는 것이었다. 첫 학기이고, 게다가 전문 상담은 해본 적이 없어 막막했다. 그러나 주제는 분명했다. 무기력증을 극복하는 것이었다. 아무리 책을 읽고 연구해도 무기력증을 극복할 실제적인 방법을 찾지 못했다. 그래서 지인 찬스를 사용했다. 부목사로 사역하던 교회의 집사님에게 전화한 것이다. 그 집사님은 경력이 많은 탁월한 전문상담사였다.

집사님은 전화로 나의 고민과 목표를 듣고 조언을 해주었다. 그리고 내게 물었다.

"목사님은 과거에 어떤 성공을 했었나요?"

나는 고민하다가 과거의 성공 경험을 말했다. 집사님도 익히 알고 있는 일들도 있었다. 내 말에 집사님은 공감해주었다. 성공 경험을 말하던 나는 문득 이런 생각이 들었다. '그래, 내가 이런 어려움에서도 성공을 했었는데…. 나는 능력이 있어. 게다가 하나님께서 내게 교회 개척의 소명

도 주신 거잖아. 이번에도 열심히 하면 되지 않을까?'

그런 생각이 들자 '할 수 있겠다'는 힘을 얻었다. 그때부터 지금 내가 할 수 있는 일들을 생각했다. 경제적인 어려움부터 해결할 방법을 찾았다. 그래서 경제와 관계된 책들을 도서관에 가서 닥치는 대로 대출했다. 생소한 내용을 읽고 또 읽었다. 그 결과 『성경에서 찾은 더 크게 성공하는 법』을 집필할 수 있었다.

그렇다. 힘들 때, 혼자 있고 싶을 때가 있다. 그럴 때는 '봄을 이기는 겨울은 없다.'와 '이 또한 지나가리라'를 생각하며 긍정적인 생각을 의도적으로 하는 것이 좋다. 그러면 마음의 여유가 생기고 여유가 생기면 되는 방법을 찾을 수 있는 힘을 얻게 된다. 그러나 혼자 힘으로 도저히 안 될 때도 있다. 때로는 스스로 일어나지 못할 때가 있는 것이다. 누군가가 잡아줘야만 일어설 수 있을 정도로 힘들 때도 있다. 시련을 이길 수 있는 최고의 방법은 힘이 되어주는 사람과 함께하는 것이다.

성경 전도서 4장 9~12절은 이렇게 말씀한다.

"혼자보다는 둘이 더 낫다. 두 사람이 함께 일할 때, 더 좋은 결과를 얻을 수 있기 때문이다. 그 가운데 하나가 넘어지면, 다른 한 사람이 자기의 동무를 일으켜줄 수 있다. 그러나 혼자 가다가 넘어지면, 딱하게도,

일으켜줄 사람이 없다. 또 둘이 누우면 따뜻하지만, 혼자라면 어찌 따뜻하겠는가? 혼자 싸우면 지지만, 둘이 힘을 합하면 적에게 맞설 수 있다. 세 겹 줄은 쉽게 끊어지지 않는다."

사람이 왜 함께해야 하는지 정확하게 알려주는 말씀이다. 혼자 가다가 넘어지면 일으켜줄 사람이 없다. 혼자 싸우면 지지만, 둘이 힘을 합하면 적에게 맞설 수 있다. 혼자보다는 둘이 더 나은 것이다. 내가 시련을 겪을 때 이겨내야겠다고 생각하고 힘을 냈던 가장 큰 이유는 아내와 아들이었다. 그뿐만 아니라 때때로 아내와 아들은 내게 위로와 힘이 되었다. 함께 있으며 마음을 나누는 것 자체만으로도 큰 힘이 됐다. 또한, 지금 이 책을 집필할 때도 아내가 많이 도와주었다. 내가 한 꼭지씩 완성하면 아내에게 검증을 받았다. 아내는 대체로 칭찬해주지만, 조언도 해주었다.

'빨리 가려면 혼자 가고, 멀리 가려면 함께 가라'라는 아프리카 속담이 있다. 이 속담은 아프리카에 사는 사람들에게 실제적인 지혜를 준다. 도처에 적과 맹수의 위협이 도사리는 아프리카에서 먼 곳으로 이동하려면 혼자 갈 수 없기 때문이다. 누군가와 함께해야만 위협을 이겨낼 수 있는 것이다.

플랫폼 'TVING'의 예능 프로그램 〈서울체크인〉에서 가수 이효리가 그녀의 남편 이상순에게 이렇게 말한다.

"오빠는 내가 입은 청바지들이 뭐가 다른지 모르겠지? 나는 친구가 염색하면 바로 알거든. 근데 난 커피 맛이 뭐가 다른지 모르겠어. 각자의 영역이 있는 거야. 그래서 도우면서 같이 살아야 하나 봐. 눈이 좋은 사람, 귀가 좋은 사람, 혀가 좋은 사람 … 한데 어울려서 말이야. 잘하는 것들이 다 각자마다 주어지잖아. 그러니까 다 같이 살아야 해. 혼자 못 살아."

모든 것을 잘할 수 있는 사람은 없다. 아무리 완벽해 보이는 사람이라도 부족한 점이 있기 마련이다. 한 손이 열 손을 당할 수는 없는 것이다. 그래서 기업은 직원의 협력 능력을 중요하게 여기는 것이다.

『어린 왕자』의 저자 생텍쥐페리는 이렇게 말했다.
"타인과 함께, 타인을 통해서 협력할 때에야 비로소 위대한 것이 탄생한다."

특별한 몇몇 사람을 제외하고는 혼자서 크게 성공하기 어렵다. 독불장군은 없는 것이다. 혼자 가면 지금 당장은 빠른 것 같아도 시련을 만나면 한순간에 꼬꾸라질 수도 있다. 인생의 긴 여정에는 생각지도 못한 여러 가지 일들이 발생할 수 있기 때문이다. 그러니 협력 능력을 길러야만 하는 것이다.

　기업에서 협력 능력을 중요하게 여기는 이유가 여기에 있다. 함께하는 것이 중요하지만 관계의 능력이 없으면 오히려 혼자 하는 것보다 못하다. 관계 능력이 없으면 좋은 인간관계를 형성하고 유지하기는 어렵다. 오히려 서로 불편하고 힘들게 된다. 가까워질수록 문제가 발생하게 된다. 인간관계는 노력이 필요하고 기술이 필요하다. 노력하지 않는데 좋아지는 관계란 존재하지 않는다. 그러니 끊임없이 공부하고 노력해야 한다. 그럴 때 생텍쥐페리의 말대로 위대한 것을 탄생시킬 수 있다. 타인과 함께하는 협력의 위력은 엄청난 것이다. 인간관계 능력을 향상시켜 인생의 긴 여정에 행복하고 위대한 일들을 이루기를 바란다.

07

당신은 사랑받기 위해
태어난 사람이다

"지난주는 너무 마음이 안 좋았어요. 벚꽃을 구경하러 갔는데 구경하러 온 여자들이 너무 예쁜 거예요. 갑자기 나하고 너무나 비교된다는 생각이 들었어요. 너무 우울했어요."

L은 벚꽃을 구경하러 갔다가 우울해졌다. 다른 사람과 자신을 비교하니 자신은 너무나 초라하고 못났다는 생각이 든 것이다. 인간관계에서도 그랬다. L은 인간관계가 나쁘지 않았다. 주변에 L을 좋아하는 친구들이 꽤 있었다. 그러나 사람들이 자기를 좋아한다고 생각하지 않았다. 연인

인 남자친구가 L을 사랑하고 잘해주지만 L은 의문이 들었다.

"너는 왜 날 좋아하니?"

연애해도 행복하지 않은 것이다. 결국, 자기 자신과의 관계가 문제였다.

내가 좋아하는 찬양 중에 〈당신은 사랑받기 위해 태어난 사람〉이 있다.

당신은 사랑받기 위해 태어난 사람

지금도 그 사랑 받고 있지요

태초부터 시작된 하나님의 사랑은

우리의 만남을 통해 열매를 맺고

당신이 이 세상에 존재함으로 인해

우리에겐 얼마나 큰 기쁨이 되는지

내가 사랑받기 위해 태어났으며 지금도 그 사랑을 받고 있다는 가사가 참 좋다. 후반부에 나오는 가사는 더 압권이다. 하나님의 사랑이 우리의 만남을 통해 열매를 맺는다는 가사와 나의 존재 자체가 사람들에게 큰 기쁨이라는 가사는 내게 큰 감동을 준다.

사실, 이 찬양이 처음부터 좋았던 것은 아니다. 내가 이 찬양을 처음 접했을 때는 군대를 막 제대하고 어머니의 권유로 교회에 갔을 때였다. 교회에 갔더니 이 찬양을 부르고 있었다. 그냥 부르기만 한 것이 아니다. 인도자는 옆 사람을 바라보고 손을 상대에게 펼치며 부르게 했다. 그때 너무나 당황스러웠다. 처음 간 곳에서 처음 본 사람들이 나를 향해 손을 펼치며 그 찬양을 부르니 너무나 불편했다. 당장 그 자리를 피하고 싶었다. 나는 한동안 그 교회에 가지 않았다.

당시에 나는 그 찬양의 가사가 전혀 공감되지 않았다. 거북하고 불편했다. 상담을 공부하면서 왜 불편했는지 알게 됐다. 나는 나 자신을 사랑받을 만한 존재라고 생각하지 않았던 것이다. L도 마찬가지다. 자기 자신을 사랑받을 만한 존재라고 생각하지 않았던 것이다. 그러니 자신의 못난 점만 보이고 타인과 순간순간 비교했던 것이다. 또한, 친구들이 자신을 좋아해도 그것을 받아들이지 못한 것이다. L의 마음 깊은 곳에서는 '누가 나를 사랑하겠는가?', '누가 나를 인정하겠는가?'라는 부정적인 자아상이 있었던 것이다. 이러한 부정적인 자아상은 인간관계뿐만 아니라 삶 전체에 악영향을 미친다. 자아상이 부정적이면 내 생각, 내 판단, 내 느낌을 믿지 못하게 된다. 살아가는 것 자체가 힘들 수밖에 없다.

자아상이 부정적이면 지금 행복하더라도 '잠깐 행복하고 안 좋게 될 거야.'라고 생각하게 된다. 또한, 자신의 실수나 잘못을 더 크게 부각한다. 그래서 부정적인 자아상을 갖고 있는 사람은 '항상', '늘', '매일'이라는 말을 달고 산다. 한두 번의 실수를 자기 자신 자체로 생각하는 것이다. 그래서 지금의 내가 아닌 다른 사람이 되고자 한다. 현재의 나를 부정하는 것이다. 그러나 실수하거나 잘못을 한다고 해도 그 자체가 내가 아니다. 누구나 실수를 한다. 또한, 실수와 잘못은 수정하면 된다. 항상 그러는 것도 결코 아니다. 내가 지금 가지고 있는 것이 무엇이든지 있는 그대로 인정해야 한다. 그리고 단 1%의 긍정이라도 찾아서 긍정적인 시각으로 자기 자신을 바라봐야 한다. 실수가 아닌 잘하고 있는 것에 집중해야 한다. 부정적인 자아상은 덮어두면 안 된다. 내 생명을 갉아먹는다. 그러니 반드시 해결해야 한다.

사회심리학에서는 이렇게 강조한다.

"모든 인간은 사회적으로 공감과 인정을 받고 싶은 근본적인 욕망이 있다."

사람은 기본적으로 모든 사람에게 사랑받고 인정받고 싶어 한다. L도 나도 속마음은 사랑받고 인정받고 싶었을 것이다.

부정적인 자아상을 해결하는 방법 중의 한 가지는 내가 나를 사랑하고 인정하는 것이다. 부정적인 정서가 올라오면 내가 나를 위로해주어야 한다. 부정하거나 무시하면 안 된다. 그것은 잠시 망각하는 것일 뿐이다. 다시 부정적인 정서가 나를 괴롭히게 된다. 부정적인 정서를 인정하고 그 마음을 위로해야 한다. 자기 자신을 있는 그대로 만나주고 수용해주는 위로가 필요하다. 그러나 나의 단점이나 실수가 있을 때 말치레(lip service)를 하면 안 된다. 실수한 것을 적어놓고 '다음에 이건 이렇게 할 거야.'라는 대안을 써야 한다. 그러면 부정적인 정서에 대해 반박할 수 있게 된다. 나 자신이 이해가 되어야 한다. 다른 사람에게도 말치레를 하는 것은 좋지 않다. 내 제자 중의 한 명은 칭찬을 남발하는 사람들을 경계하고 불신한다. 사람들 대부분이 그렇다. 그러니 진실하게 좋은 말을 해야 한다. 칭찬도 진심과 기술이 필요한 것이다.

무엇보다 나의 긍정적인 면에 집중하고 장점을 바라보라. 그리고 나 자신에게 긍정적인 말을 하라. '나는 이것을 잘하고 있잖아.', '나는 이것을 잘하잖아'를 나 자신에게 지속해서 말하는 것이다. 진심을 담아서 자기 자신에게 말하라. 정말 그렇게 생각할 수 있을 정도로 말하라. 생각과 말에는 영적인 힘이 있다. 생각하는 대로, 말하는 대로 된다. 할 수 없다고 생각하면 길이 보이지 않는다. 그러나 할 수 있다고 생각하면 할 수 있는 길이 보인다. 생각을 바꾸고 말을 바꿔야 하는 이유이다.

나는 부정적인 정서가 올라올 때 하나님께서 성경을 통해 전하신 말씀을 떠올린다. 그 말씀은 스바냐 3장 17절이다.

"너의 하나님 여호와가 너의 가운데에 계시니 그는 구원을 베푸실 전
능자이시라 그가 너로 말미암아 기쁨을 이기지 못하시며 너를 잠잠히 사
랑하시며 너로 말미암아 즐거이 부르며 기뻐하시리라"

이 말씀을 묵상하면 내 존재 자체를 사랑하시는 하나님께 감사하게 된
다. 설사 내가 실수하고 부족해 보여도 나를 사랑하셔서 독생자 아들까
지 보내주신 하나님의 사랑에 힘을 얻는다. 성경은 우리가 아직 죄인일
때 우리를 사랑하셔서 예수 그리스도를 보내주셨다고 말씀한다. 그 예수
를 믿기만 하면 우리를 구원해주시고 지켜주시고 함께 하신다고 약속하
신다. 내가 잘나서가 아니다. 내 존재 자체를 사랑하시는 것이다. 그 사
랑을 생각하면 잘못을 정직하게 인정하고 수정할 마음과 힘을 갖게 된
다. 놀라운 사랑으로 감동됐기 때문이다.

나를 있는 그대로 건강하게 사랑할 때 나의 존재 가치를 깨달았다. 그
리고 나의 장점들이 보였다. 단점이라고 생각한 열등감까지 나를 성장시
키는 동력이 됐다. 또한, 인간관계에서도 자유로워졌다. 자유로워지니
여유가 생겼고 다른 사람을 사랑스럽게 볼 수 있게 됐다. 그때 스트레스
를 받지 않고 인간관계를 더 잘할 수 있었다. 상담과 인간관계 공부를 통
해 배운 것을 실천하게 된 것이다.

앞서 제시한 것을 상대에게 그대로 적용하면 된다. 나 자신에게 연습하고 실천한 실력이 상대를 대할 때도 나타날 것이다. 내가 그렇듯이 상대도 인정과 사랑이 필요한 존재이다. 모두에게 사랑받을 필요는 없다. 아니 모두에게 사랑받을 수는 없다. 사람은 다 다르기 때문이다. 또한, 각자가 처한 상황과 입장도 다르다. 그에 따라 사랑받지 않을 수 있다는 것을 기억해야 한다. 그것이 나 자체가 거절당하는 것은 아니다. 그저 진심으로 내가 할 수 있는 것을 상대에게 하면 된다. 이 책에서 제시한 기술들을 적용하면 점점 인간관계 능력은 향상되고 좋아질 것이다.

인간은 혼자 살 수 없는 존재이다. 또한, 인생이란 관계의 연속이다. 피할 수 없는 관계를 그저 회피하고 끊는 것으로는 불행한 인간관계를 반복할 뿐이다. 관계의 능력이 향상되어야 한다. 무엇보다 소중한 사람들과의 관계는 지키는 노력이 필요하다. 관계는 내가 어떻게 하느냐에 달려 있다. 거기에 더해 인간관계의 기술을 갖춘다면 당신의 진심은 통할 것이다. 그뿐만 아니라 인간관계의 기술은 당신에게 또 다른 소중한 사람들을 만나게 해줄 것이다. 건강하고 좋은 인간관계를 통해 당신과 당신의 소중한 사람들이 행복해지길 진심으로 바란다.

반드시 기억하자. 당신은 사랑받기 위해 태어났다. 당신의 존재 자체가 주변 사람들에게 큰 기쁨이 된다. 그리고 당신이 받은 사랑을 소중한 사람들에게 돌려주자. 사랑은 주면 돌아오게 되어 있다. 그것이 사랑의 위대한 힘이다. 더 이상 관계로 인해 당신의 소중한 삶을 고통스럽게 허비하지 말자. 당신은 사랑받고 사랑하기 위해 태어났다. 건강한 인간관계로 그 사랑을 누리기를 바란다.